겨레의 시민사회운동가
이상재

겨레의 시민사회운동가 이상재

| **강명숙** 지음 |

글을 시작하며

월남 이상재에 대한 연구는 그의 활동과 역사적 의미에 비하여 다양한 측면에서의 접근이 그다지 활발하지 않은 편이다. 주로 기독교 사회 활동가로서의 면모를 부각시키는데 초점이 주어져 있다. 영원한 청년, 위대한 야인으로 상징되는 기독교 사회 활동가로서의 면모뿐만 아니라 개화사상가, 갑오개혁기의 개혁관료, 교육활동가, 또는 비폭력 평화 시민운동가로서의 이상재 면모를 부각시키는 접근도 활성화 될 필요가 있다.

이상재는 개화기 우정·교육·외교 분야의 개혁 실무 관료로 근대적 개혁에 참여하였다. 또 독립협회와 만민공동회 비롯하여 황성기독교청년회(YMCA), 조선교육협회, 흥업구락부, 신간회 등의 시민사회 조직 운동을 활발히 전개했다. 종교와 교육을 통해 '계몽된 시민'을 양성하고, 그들의 활동이 민족의 미래를 여는 근간이 될 것이라는 생각으로 근대 계몽운동, 교육을 통한 시민운동, 국내 민족운동에 주력하였다.

이 글에서는 이상재의 삶과 사상, 활동을 시대의 요구와 자신의 양심에 따라 충실하게 산 대표적인 민족운동가, 시민운동가의 한 사람으로 그려내기 위하여 근대시기로 전환하는 과정에서 한 개인의 노력과 갈 등, 선택의 과정을 담고자 하였다. 기본적으로 개혁관료, 교육활동가, 시민활동가로서 이상재의 면모를 부각시켜 그의 다양한 면모를 알리고 자 하였으나 아들, 아버지, 남편으로서의 평범한 일상적인 모습도 그려 내려고 노력하였다. 또한 여러 가지 에피소드, 그와 얽힌 추억에 대한 회고 등의 자료를 인용하여 자료 활용을 돕거나 직접 찾아볼 수 있도록 하였다.

　이상재는 근대로 전환하는 격변기에 학교 교육을 받지 않고도 끊임 없는 자기주도적 학습과 연마를 통해 개혁 관료로서 또는 시민활동가로 서 민권운동, 시민운동, 교육운동, 평화운동을 전개하면서 열정적인 삶 을 살았다. 그런 한 개인의 삶을 재조명하는 평전을 통해 공부와 노력, 신념과 용기, 희망과 사회변혁 등에 대해 고민하는 계기가 되었으면 하 는 바램이다.

2014년 12월
강 명 숙

차례

01 과거시험을 포기하고 서울로

월남 이상재는 1850년 10월 26일 충청남도 서천군 한산면 종지리에서
아버지 이희택李羲宅과 어머니 밀양 박씨의 맏아들로 태어났다. 아버지
는 오랫동안 한산 감영에서 집이나 토목공사 등을 관리하던 선공감의
가감역을 지냈다. 가감역은 일이 있을 때마다 급료를 받는 일종의 비정
규직이었다. 농토가 없어 대대로 집안 형편이 넉넉하지는 못했지만 한
산은 모시로 유명한 곳이었기 때문에 모시를 짜서 시장에 내다 팔아 생
활에 요긴한 것들을 마련하고는 하였다.

　집안이 넉넉하지 못하였지만 고려말의 충신 목은牧隱 이색李穡의 후예
임을 항상 자랑스럽게 생각하였다. 할아버지는 아버지가 글을 깨우치도
록 모시를 팔아 책을 사주었고, 그 덕분에 아버지 이희택은 시골에서도
글을 읽고 세상 돌아가는 형편을 파악할 수 있었다. 이상재의 두 살 아
래로 동생 이성재가 태어나자, 아버지는 동생이 농사를 지으며 집안일

이상재 생가(충남 서천군 한산면 종지리)

을 물려받고, 장남인 이상재는 과거科擧를 통해 관직에 나아가기를 바랐다. 그래서 어려운 형편에도 이상재의 공부 뒷바라지를 열심히 하였다.

　이상재는 7세 때부터 동네 서당에서 공부를 했다. 당시 서당은 인근 마을에서 글 좀 읽었다는 어른을 훈장으로 모시고 몇몇의 사내 아이들에게 한자나 초보적인 것을 가르치던 곳이었다. 이상재는 서당에서 친구들과 『천자문』·『동몽선습』·『사략』 등을 읽었다. 서당에 다닐 때에는 보통의 아이들처럼 몰래 수업을 빼먹고 친구들과 놀려다니다가 아버지의 꾸지람을 많이 들었다. 아버지는 고려말 충신 목은 이색의 16대손이라며 행동거지를 함부로 하지 말고 조심할 것을 누누이 말하였다. 착실하게 글공부를 하여 과거를 치르는 것이 사람의 도리라고 강조하였다.

　하루는 아버지가 어린 이상재를 데리고 시장에 나가 볼 일을 보러 여기저기 다녔다. 그런데 갑자기 이상재가 보이지 않아 한참을 찾았다. 이상재는 쪼그리고 앉아 무엇인가에 열중하고 있었다. 가만히 다가가서 살펴보니 시장 바닥에 아무렇게나 펼쳐놓고 팔고 있는 잡화들 가운데서 책을 집어 들고 유심히 들여다보고 있었다. 아버지가 뭐하느냐고 물으니 이상재는 책을 들고 재미있을 것 같다고 하였다. 앞부분이 떨어져 나간 책은 굉장히 낡은 것이었다.

아버지가 책을 들어 이러 저리 살펴보니, 『춘추 좌전』이라는 역사책이었다. 어린 이상재가 보기에는 어려운 책이었지만 아버지는 그날 시장에 물건을 내다 팔아 번 돈으로 주저없이 책을 사서 이상재에게 주었다. 어린 아들이 책에 관심이 있는 영리한 소년임을 알아차렸던 것이다.

이상재는 마음을 새롭게 다지고 14세 때에는 한산읍의 한적한 산골에 있는 봉서암으로 자리를 옮겨 공부하기 시작하였다. 봉서암은 읍내에서 좀 떨어져 있는 자그만한 암자로 현만 스님이 주지로 있었다. 현만 스님은 유교경전에도 두루 능통하여, 한산읍 인근의 청년들이 봉서암에 머물며 스님에게 배우고 있었다. 당시 지방에는 향교나 서원 등의 학교가 있었지만 서민이나 지방의 낮은 벼슬아치 자식들이 하루 종일 공부에만 전념하는 장소로는 적합하지 않았다. 그래서 뜻있는 부모들은 농한기가 되면 집안이나 마을의 웃어른이 운영하는 글방이나 서당에 자식을 보내 글자를 깨우치도록 하였다. 자식이 좀 더 자라 영민하고, 글로 먹고살 궁리를 하게 되면, 인근의 절이나 조용한 곳으로 보내 스스로 자학자습하며 과거공부를 하게 하였다. 이상재 역시 봉서암에서 머물며 과거시험을 목표로 공부하기 시작했다. 봉서암에는 이상재 외에도 그런

아이들이 몇몇 있었다. 사춘기의 소년들이 집을 떠나 산속에서 스스로 공부하는 것은 쉽지 않았다.

이상재의 아버지는 가끔 몇 말의 쌀을 지고 봉서암으로 올라가 현만 스님에게 갖다 주고, 아들이 공부하는 모습을 지켜보곤 하였다. 하루는 여느 날과 마찬가지로 아버지가 쌀말을 지고서 늦게 봉서암에 도착했다. 하지만 이상재가 보이지 않았다. 그때 이상재는 으슥한 곳에서 친구들과 모여 술과 음식을 먹으며 놀고 있었다. 아들의 모습에 실망한 아버지는 이상재에게 큰 뜻을 품고 과거시험을 준비하는 자가 이렇게 생각 없는 짓을 할 수 있느냐며 크게 꾸지람을 하였다.

이 일을 계기로 이상재는 크게 잘못을 뉘우치고, 치기 어린 시절을 마감하였다. 이때의 뉘우침이 얼마나 컸는지, 훗날 자식을 교육할 때에도 이 경험을 떠올리며 훈계하곤 하였다. 한 일화를 살펴보면 이상재의 아들들이 놀기 위해 집을 나와 서울로 간 일이 있었다. 하필이면 아버지 이상재가 미국에 있을 때였다. 이상재는 멀리서도 이 소식을 듣고 한탄하며 어릴 적 자기의 경험을 떠올리며 아들에게 간곡히 다음과 같은 편지를 썼다.

아들에게

어른들의 허락이 없이 몰래 빠져나와 서울로 놀러갔다니, 참으로 놀라운 일이다. 서울 친구들의 편지에도 너희들이 놀기 위하여 도망쳐 서울로 올라왔더라고 말하니 웃지 아니하는 사람이 없었으니, 정말로 부끄러운 일이 아니겠느냐. 이 아버지도 옛날에 그러한 일이 있었는데, 지금 생각해도 부끄럽고 민망하기 그지없는 일이구나. 그런데 또 아들이 이런 일을 하다니 놀랍고 기이한 일이로구나. 이미 지나간 일은 어쩔 수 없지만, 앞으로는 절대 하지 말기를 바란다. 아버지도 옛날에 그런 일이 있었는데 왜 나만 꾸중하냐고 너는 생각할 것이다. 내가 철없이 한 짓을 나중에 깊게 깨달았기 때문에 이렇게 말하는 것이니 오해 말기를 바란다.

한창 커가는 시기에 방황이나 일탈은 누구에게나 있을 수 있다. 어쩌면 수업을 빼먹고 친구들과 어울려 금기된 것을 넘어 보는 것이 필요한 과정인지도 모른다. 문제는 이를 계기로 얼마나 성장하느냐일 것이다. 이상재도 어린 시절은 개구쟁이였고, 친구들과 노는 것을 좋아하고, 부모 몰래 엉뚱한 행동을 하곤 했지만 부끄러움을 느끼고 마음에 새겨 고치도록 노력하였다. 이상재는 어릴 적 서당에 다니고, 봉서암에서는 스스로 공부해서 내세울 만한 학력이 아닌 데다가 대단한 친구와 스승이 있는 것은 아니었다. 그러나 평생을 두고 배움의 자세를 놓지 않고 자기 자신을 수양하는 일을 게을리하지 않았다.

한산의 효자 아들

아버지는 봉서암에서 흐트러진 이상재의 모습을 보고, 결혼을 해서 책임감을 갖고 안정적으로 공부하기를 바랐다. 그래서 봉서암에서 공부하기 시작한 1년 후인 1864년, 이상재의 나이 15세에 당시의 관례에 따라 결혼을 하였다. 부인은 인근 마을 송산리에 사는 1남 3녀의 장녀 강릉 유씨劉氏로 이름은 월예였다.

그러나 경사스런 결혼식이 끝나자마자 집안에 우환이 닥쳐왔다. 아버지가 감옥에 갇히게 된 것이다. 소식을 접하고 놀란 이상재는 감옥으로 아버지를 찾아가 자초지종을 여쭈었다. 그러자 남의 땅에 허락 없이 함부로 조상의 묘를 썼다고 땅 주인이 고소를 했다는 것이었다.

이상재는 이리저리 사정을 알아보았다. 아버지가 조상의 묘를 쓴 곳은 근처에서 명당자리라고 소문이 나 있는 곳이었다. 그런데 그 자리는 하필이면 한산에서 권세를 누리던 김 참의 땅과 인접한 곳으로, 그들이 자기네 땅이라고 주장하는 것이었다. 김 참의에게 사정을 해보아도 소용이 없었다. 묏자리는 대대로 자손의 화복과 길흉을 좌우한다고 하여 묏자리 관련 쟁의는 매우 예민한 사안이었기 때문에 고을의 군수도 함부로 처결하기 어려웠다.

이상재는 곧바로 군수를 찾아가 "저는 감옥에 갇혀 있는 선공감 가감역 이희택의 아들 이상재입니다"라고 말했다. 깜짝 놀란 군수가 늦은 시각에 찾아온 이유를 묻자 이상재는 "저는 엊그제 결혼식을 마치고 장가를 든 사람입니다. 아버지께서 할아버지의 묘를 잘못 써서 지금 옥사에 계십니다. 할아버지를 제대로 모시지 못한 불효한 죄로 아버지께서 옥에 계십니다. 저 또한 장가를 든 어른인데, 부모를 제대로 모시지 못하여 아버님이 옥사에 계시니 벌을 받아 마땅합니다. 아버님 대신 저를 가두어 주십시오"라고 사정했다. 그 말을 들은 군수는 이상재의 효심에 감동해 아버지를 풀어줄 테니 김 참의와 의논하여 잘 해결하도록 처결하였다.

그렇게 하여 아버지는 일단 옥사에서 풀려나게 되었다. 아버지가 풀려나자, 선공감의 아버지 친구들은 "허허 똑똑한 아들을 잘 두어 풀려나는 걸세"하며 부러워하였다. 하지만 이상재는 이 일로 가난하고 힘없는 자가 억울함을 호소하기 어렵다는 것을 뼈저리게 느꼈다. 김 참의를 찾아가 호소하여 보았으나, 계속 자기네 땅이라고 주장할 뿐이었다. 다만 할아버지의 묏자리는 "남의 묏자리 함부로 파 뒤집었다가는 집안 망한다"는 속설에 못 이기는 척하며 눈감아 줄 뿐이라는 태도였다. 어찌되었건 묏자리는 문제 삼지 않는 것으로 일단락되었다. 이상재의 기지와 효성이 널리 알려지면서, 이상재는 한산의 효자 아들로 이름을 날리게 되었다.

조선 후기 과거시험의 폐단

이상재가 집으로 돌아오자 집안사람들의 기대는 대단하였다. 이상재도 느낀 바가 있어 부인과 의논하여 본격적으로 과거공부에 뛰어들었다. 이상재는 가르침을 줄 큰 스승을 물색하다가 공주 마곡사의 혜산 스님을 찾아가 배움을 구하였다. 혜산 스님은 이상재의 사람됨을 보고 흔쾌히 제자로 받아들였다. 스님도 한때는 과거공부를 한 적이 있었다. 이상재는 혜산 스님으로부터 책을 가득 받아들고 흥분하여 읽기 시작하였다. 모르는 것이 있으면 적어 놓았다가 여쭈어 보기도 하고, 과거시험에 제출할 모의 답안을 작성하여 스승에게 검토받기도 하였다. 마곡사에서 이상재는 밤새 혜산 스님뿐만 아니라 일정 스님과도 더불어 의논하며 궁금증을 풀고, 과거 준비뿐만 아니라 세상 돌아가는 이치에 대해서도 많은 이야기를 나누었다. 입신출세의 꿈에 부풀어 열심히 과거공부를 한 지 2년여의 세월이 흐르자 이상재는 자신감에 충만하여 과거시험 볼 날만 기다리고 있었다.

과거시험은 3년에 1회씩 정기적으로 보는 식년시라는 시험이 있고, 또 나라의 필요에 의해 수시로 보는 별시가 있었다. 이상재는 한산에 살았기 때문에 서울에서 열리는 별시는 응시하기 어려웠다. 그래서 식년시에 응시하기 위해 차근차근 준비하고 있었다.

식년시는 여러 단계를 거치도록 되어 있었는데 우선 사는 지방에서 치르는 예비시험에 합격해야 했다. 지방의 예비시험 합격자 수는 사는 지방의 규모에 따라 달랐는데 이상재가 사는 한산은 정원이 9명이었다. 군수가 문제를 내고 시험을 보아 9명을 정하여 추천하면, 도 내 곳곳에서 모여든 사람들이 공주감영에 모여 본격적인 과거시험의 시작인 식년시의 초시, 즉 1차 시험을 보았다. 1차 시험인 초시를 보고, 2차 시험인 회시를 보아 모두 합격하면, 응시한 시험에 따라 생원 혹은 진사가 되는 합격증을 받았다. 이렇게 생원이나 진사가 되는 시험인 소과를 합격해야 관직을 받는 대과 시험을 볼 수가 있었다. 소과에 합격하면 서울로 상경하여 성균관에 머물면서 대과 공부를 계속할 수도 있었다. 관직에 뜻이 없거나 부모를 모시고 고향에 머물러야 하는 사람들은 지방에서 생원이나 진사로 행세하면서 살았는데 지방에서는 생원과 진사가 되는 일도 쉽지 않았다. 심지어 초시에 합격하기도 어려웠다. 초시에만 합격하여도 "초시 어른"으로 불리며 지역사회에서 인정과 대접을 받았다.

이상재는 한산에서 9명의 정원에 뽑혀, 1867년 공주감영으로 식년시 초시를 보러 동생 성재와 함께 길을 떠났다. 먼저 부모님께 인사를 드리고, 공주감영 가는 길에 마곡사에 들러 혜산과 일정 스님을 뵙고 인사를 드렸다. 혜산 스님은 근심어린 눈빛으로 격려를 하였다. 그러면서 혹시라도 마음 상할 일이 있더라도 유념치 말라고 하였다. 혜산은 조선 후기로 오면서 과거의 폐해가 쌓여, 시험 부정과 부패가 심각한 지경에 이르렀음을 경계하여 우려 섞인 격려를 했던 것이다. 이상재도 과거시험장의 부정과 부패에 대해서는 익히 들었던 터라 마음을 단단히 먹었다. '과거가 아무리 엉망이 되었다 하더라도 가장 우수한 답안지를 쓴다면 별 문제는 없겠지. 부정하고 부패한 자들 사이에서도 흔들림 없이 정직하게 한다면 드러나게 되겠지'라며 최선을 다하기로 마음을 다졌다.

그러나 과거시험장은 혜산이 우려하고, 이상재가 예상했던 것보다 더욱 심각했다. 시험 전날부터 만취해서 합격을 장담하는 자가 있는가 하면, 시험장에서 답지도 쓰지 않고 시간을 보내는 자들도 많았다. 시험 답안지를 낼 때에는 차례차례 내지 않고, 답안지를 끼워넣거나 이름을 달리해서 내는 것 같기도 했다. 그런 와중에도 이상재는 가만히 자신있게 답안지를 작성하여 제출하고, 담담하게 발표를 기다렸다.

드디어 합격자 명단이 담벼락에 붙었다. 위에서부터 합격자 명단을 읽어가던 이상재의 얼굴이 점점 굳어졌다. 자신했던 상위권 합격자 명단 어디에도 자기 이름은 없었고, 끝내 이상재라는 이름은 보이지 않았다. 최고 장원으로 합격하지는 않더라도 말석이라도 자기 이름이 붙어 있을 줄 알았다. 실망한 이상재가 몸을 돌려 함께 발표를 기다려 준 동생 성재를 쳐다보았다. 그때 어디선가 왁자지껄하며 합격을 축하하는 소리가 들렸다. 눈을 돌려 보니 전날부터 합격을 장담하던 자, 시험 시간에 답안을 쓰는 둥 마는 둥 하던 자, 답안지를 끼워 넣던 자들이었다. 순간 이상재는 동생 성재와 눈빛을 주고받았다. 모든 일들이 확연해지는 듯했다. 미리 문제를 다 알고 있었거나, 빈둥거리다 다른 사람이 쓴 답안을 자기 답안으로 바꿔치기 하는 등, 시험을 보기도 전에 이미 합격자 명단이 다 정해져 있었던 것이나 마찬가지였다. 이상재는 그길로 말 없이 동생과 너털너털 걸어서 집으로 돌아왔다. 기대가 일순간 무너지는 참으로 허망한 순간이었다. 집으로 돌아온 이상재는 과거시험장에 나가는 수고로움을 다시는 하지 않겠다고 온 가족들 앞에서 말했다. 앞으로는 씨 뿌리고 성실히 돌보아서 정직하게 결실을 얻는 농사를 짓겠노라고 천명하였다.

이상재는 과거시험장의 부정과 부패, 무질서를 겪고는 미련 없이 과거공부를 때려치웠다. 초시에도 합격하지 못한 이상재를 두고 비난하거나 실망하는 가족은 없었다. 그러나 농사를 한 번도 지어보지 않은 사람이 농사지을 땅도 없는 마당에 농사를 짓겠다고 하자 아버지는 걱정이 앞섰다. 당시 이상재는 첫 아들 승륜이 태어나 생계를 책임져야 할 형편이기도 했다.

아버지는 아들이 고향을 떠나 보다 넓은 곳으로 가서 뜻을 펼치기를 원했다. 장남이 벼슬을 하는 것도 아니고 특별한 일거리가 있는 것도 아닌데 고향을 떠나 객지로 나간다는 것은 당시로서는 흔한 일은 아니었다. 더구나 결혼한 몸으로 부인과 아들이 있는 처지였다. 하지만 땅도 없는 형편에 농사를 지을 수도 없고, 선공감의 가감역을 물려줄 수도 없었다. 집안의 대소사는 동생 성재가 맡아서 해도 될 일이었다.

이희택은 마침 한산으로 시제를 지내려 내려온 서울 사는 조카 이장직에게 이상재의 일을 논의하였다. 이장직은 집안 조카의 앞날을 걱정하며, 이상재의 사람됨을 고려하여 이리저리 알아보겠노라고 하였다. 이장직은 이 문제를 고모에게 의논하였는데 고모는 마침 아들 박정양의 일을 도와줄 사람을 구한다며, 친정 쪽에 적당한 사람이 있다니 다행이라며 박정양에게 소개시켜 달라고 했다.

서울로 올라와 이장직의 고종사촌인 죽천 박정양을 만나라는 기별을 받은 이상재는 머뭇거렸다. 이미 결혼한 몸으로 자식까지 있는 마당에 기약 없이 서울로 올라간다는 것은 부인과 자식에게 차마 하지 못할 일 같았다. 하지만 박정양은 조선 후기 명망 높은 실학자 박규수의 손자로서 17세인 1886년에 문과 별시 과거시험에 합격한 실력자였다. 이상재보다 9살 위로 높이 받들어야 할 주인 영감이기보다는 보고 배워야 할 대선배였다. 시골에서 부모 자식과 함께 농사를 지으며 사는 것도 좋지만, 넓은 세상으로 나가서 여러 사람을 만나 일을 배우고 겪어보며 사는 것도 나쁘지 않겠다는 생각이 들었다. 무엇보다 자신과 같은 17세에 과거에 합격하여 관직에 나아가 나랏일을 도모하고 있는 박정양을 돕는다는 것이 마음에 들었다. 계속 글을 읽거나 농사를 지을 수도 없는 형편에 장사를 배우거나 기술을 익혀 생계를 유지하는 것보다는 나을 것 같았다.

박정양의 집안일을 돌보다

이상재는 1867년부터 박정양의 집에서 집안의 모든 일을 돌보는 집사로 일하게 되었다. 자기 스스로 호를 월남으로 지었는데, 고향 남쪽에서 부모님을 모시고 고생하는 부인 월예를 잊지 않겠다는 의미가 담겨 있었다. 이렇게 시작된 박정양 집에서의 기식 생활은 13년간이나 계속되었다.

이상재는 박정양의 집에서 우선 말타기부터 배웠다. 말을 타고 여기저기 서울 시내를 다니며 사무를 보고 전국을 돌아다니며 빠르게 연락을 하기 위해서였다. 말은 당시의 가장 빠르고 편리한 교통수단이었다. 한번은 이상재가 말을 타고 홀연히 고향집에 나타나 마을 사람들은 깜짝 놀랐다. 때마침 둘째 아이 승인의 출산에 맞추어 나타나자 부인은 눈물을 감추지 못했다. 과거공부를 하다가 사가의 집사로 들어가는 것을 얕보던 사람들도 말 탄 모습과 가져온 선물을 보고 이상재가 안정된 자기 자리와 일을 찾았다며 다시 보게 되었다.

말타기뿐만 아니라 일본어와 중국어도 열심히 배웠으며 틈나는 대로 역사와 서양의 문화에 대한 책을 읽었다. 박정양의 서재에 드나드는 사람들과 세상 돌아가는 것에 대해 의견을 나누기도 하였으며 박정양을 모시고 여기 저기 흩어져 있는 왕릉을 둘러보는 여행을 하기도 했다. 박정양도 때로는 이상재를 친구처럼 대하며 나라 사정이나 읽은 책에 대해 이야기를 나누곤 하였다. 그로 인해 이상재의 식견은 하루가 다르게 높아졌다. 특히 외국과의 교류와 새로운 문물의 유입을 주의깊게 살펴보았다. 왕에 대한 충성심은 깊어져 갔으나 세상이 변화하고 있음을 실감하였다. 또한 이상재는 일 년에 한 달 정도는 고향 한산으로 내려가 가족과 함께 지내며 장남과 가장으로서 역할을 다하려고 노력했다.

박정양이 벼슬길에 나서자 이상재는 일이 더욱 많아졌다. 1874년 6월 박정양은 경상좌도 암행어사가 되었다. 이상재는 수행비서가 되어 6개월 동안 경상도 여기저기를 다니며 민정을 살폈다. 서울과 자기 고향 한산과는 다른 자연풍광이며 풍속을 체험하면서 경상도 사람들의 성향을 고향 충청도 사람들과 비교해보기도 하였다.

1878년 박정양이 승정원 승지가 되자 집으로 방문하는 사람들이 더욱 많아졌다. 이상재는 그들을 일일이 접대하고 연락을 취해 일을 조정하였다. 그리고 승지가 메모한 것들을 깨끗이 정리하여 공무에 도움이 되도록 하였다. 18세 때부터 시작한 집사일이 10년이 넘어서자 박정양이 특별히 언급하지 않아도 모든 일을 알아서 척척 해낼 수 있게 되었다. 뿐만 아니라 이상재의 정치적인 감각도 뛰어나게 되었다. 서당과 봉서암에서의 과거공부보다 박정양의 집에서 몸으로 겪으며 배운 실무들이 세상을 헤쳐나가는 힘을 더욱 키워주었다.

하지만 박정양의 집사일이 마냥 즐거운 것만은 아니었다. 결혼한 가장이 홀로 집을 떠나 남의 집에서 지낸다는 것은 힘든 부분이 많았고, 마음 불편한 일도 적지 않았다. 자기를 하인처럼 너무 막대하거나 하대하는 느낌이 들기도 했다. 사정이 급해서라고 하지만 아무 일이나 함부로 시키는 것 같아 섭섭하기도 했다.

어느 날은 의원을 불러오라는 심부름을 명받았다. 이상재는 의원 집으로 가서 죽천 박대감 집에서 왔다며 무슨 일인지 모르겠으나 의원을 찾는다고 퉁명스럽게 말하였다. 의원은 자신을 찾는 이유가 병자가 있어 왕진을 부탁하는 것이라 여기고, 왕진 가방을 챙겨 박정양의 집으로 급히 갔다. 의원은 진료를 마치고 박정양에게 자신을 부르러 온 사람이 누구냐고 물었다. 박정양은 집안일을 보아주는 사람이라며 묻는 이유를 물었다. 그러자 의원이 퉁명한 태도를 보여서라고 말하였다. 의원이 돌아간 후 박정양은 이상재를 불러 무슨 일이 있었는지 물었다. 그러자 이상재는 의원을 불러 오라고 하시길래 의원 집으로 가서 의원을 불렀다고 태연하게 아뢰었다. 박정양이 자초지종을 말하고 정중히 의원을 모셔와야 한다는 식으로 나무라는 얼굴색을 내비치자, 이상재는 "의원 심부름을 너무 잘하면 다음에 또 시키겠지요"라며 무심하게 대답했다. 그제야 박정양은 이상재의 의도를 눈치채고 이후로는 그를 함부로 대하지 않았다.

한번은 이상재가 생일이라 말하여 집안일하는 사람들이 생일상을 푸짐하게 차려주어 배부르게 잘 먹은 적이 있었다. 며칠이 지나 다시 생일이라며 박정양의 부인의 귀에 말이 들어가게 했다. 부인은 아랫사람에게 일러 이상재의 생일상을 특별히 푸짐하게 차리도록 하였다. 거나하게 한 상 차려 잘 대접을 받는데 얼마 후 다시 이상재가 자기 생일이라고 말하였다. 이를 이상하게 여긴 박정양이 그 이유를 물었다. 이상재는 "객지에 사는 사람은 매일매일이 생일이면 좋지요"라며 씩 웃었다. 박정양은 괘씸한 생각도 들어들었지만 아랫사람들에게 야박하게 구는 일이 없도록 집안 단속에 더욱 신경을 썼다.

이상재는 하고 싶은 말이 있어도 직설적으로 바로 말하기보다는 기회를 엿보다 그것을 유머로 표현할 줄 아는 방법을 스스로 터득하였다. 나중에 기지와 해학의 이상재라고 이름이 날 정도로, 그가 유머를 구사할 줄 알게 된 것은 바로 박정양의 집사로 13년을 지내며 익혀온 깊은 생각과 처신의 조심성에 배어 나온 것이다. 우스운 말을 말한다고 해서 모두 유머가 되는 것은 아니다. 유머는 현실의 핵심을 잘 파악하여 진지한 사실을 겉으로 유쾌하게 표현하는 것이다. 그래서 유머를 구사하려면 현실생활에 대한 감각이 풍부해야 하고 현실에 대한 예리한 관찰이 우선되어야 한다. 게다가 현실을 기분 나쁘지 않게 조롱하거나 표현할 줄 알아야 하고, 마지막으로 듣는 사람에게 시원함이나 해소감을 느끼게 하거나 뭔가 깨달음을 줄 수 있어야 한다. 그러므로 어떻게 보면 유머는 최고의 소통능력이다. 아마도 이상재는 부당하거나 곤란한 일을 겪을 때 면전에서 직설을 하기보다는 은근슬쩍 자기의 의사표현을 하는 방법으로 유머만한 것이 없다는 것을 몸소 익혔을 것이다.

자신의 관심사를 무난하게 처리하는 능력과 집사로서의 처신을 유머로 풀어내는 이상재의 비상함과 사람됨을 알아보고 박정양은 그를 더욱 신뢰하게 되었다. 그래서 집안일뿐만 아니라 일본이나 미국으로 나라일을 보러 가는 중차대한 일에는 반드시 이상재를 데리고 다녔다. 이상재는 국제적인 관계와 변화하는 시대상황을 직접 체험하는 절호의 기회를 얻었다.

신사 유람단과 함께 일본으로

1878년 박정양이 승지가 되기 2년 전인 1876년 조선 정부는 일본과 조약을 맺어 부산·원산·인천 세 곳의 항구를 열어 외국과 문물교류를 시작하였다. 12개의 조항으로 이루어진 강화도조약, 일명 병자수호조약이 체결된 것이다. 이 조약은 일본의 강압 아래 맺어진 불평등 조약이라는 역사적 평가는 틀림이 없다. 하지만 근대적인 조약 체결에 따라 나라가 부강하기 위해서는 항구를 열고 외국과 교류하여 부국강병의 사상과 제도를 받아들여 개화를 해야 한다는 주장이 널리 퍼지게 되었다. 천지개벽과 같은 상황이 전개되고 있었다.

조선 정부 내에도 쇄국을 주장하던 대원군이 물러나고, 개화파들이 점차 정부의 중요한 자리에 등용되었다. 고종도 개화를 통한 부국강병을 시대의 흐름으로 인식하고 있었다. "조용한 아침의 나라이자 은둔국"인 조선은 이제 국제사회 한 일원으로 등장하였다. 이처럼 개화의 흐름이 강해졌을 때 박정양은 승지가 되고 요직에 나가게 되었다.

개항 이후 고종은 개화를 통한 부국강병의 사상과 제도를 파악하기 위해 외국인 선교사를 비롯하여 여러 사람을 만나 의견을 물었다. 그리고 믿을 만한 신하들을 뽑아 외국으로 보내 선진 여러 나라의 문물을 보고 배워오도록 하였다. 일본에도 신문명을 배워올 수신사修信使를 파견하기로 하였다. 수신사란 조약 체결에 따라 일본이 조선을 초대하는 것에 예의상 응답하는 형식으로 사절단을 파견하는 것이다. 처음에는 김기수를 단장으로 1976년 4월에 76명의 사절을 일본으로 보내 약 2개월 동안 일본을 돌아보고 오도록 하였다. 1차 수신사로 다녀온 김기수는 『일동기유日東記游』라는 책을 써서 보고 들은 바를 세상 사람들에게 알리고자 하였다. 숙소, 날씨, 음식뿐만 아니라 풍속, 장사하는 법, 여러 가지 물건, 성곽 기술 제도, 학술 등에 대해 일본에 가서 보고 들은 것, 만난 사람 등을 일일이 적고 그 느낌과 자기 생각을 자세히 기록했다. 이 책을 보고 사람들은 일본의 변화된 모습에 놀라움을 금치 못하였다. 그동안은 일본을 '왜놈'이라고 부르며 무시하거나 경멸하는 분위기였다. 일본의 문화나 제도가 중국의 것을 본 따거나 조선에서 전래된 것이라고 생각하고 있었다. 그러나 직접 가서 일본 사람을 만나고, 보고 들으니 배워야 할 점이 하나둘이 아니라는 생각이 들었다. 특히 기술·제도·학술 등 근대적인 문물은 상상을 초월할 정도로 대단하였다.

개항으로 인해 교류가 활발해지면서 외교적으로 협상해야 할 것도 많았다. 그래서 개항 4년 후인 1880년에는 김홍집을 단장으로 하여 58명의 인원을 2차 수신사를 보냈다. 개항장의 관세 비율과 쌀 수출 금지

등에 관한 사항을 절충하고, 일본 정부의 실
정을 탐색해 오도록 하였다. 수신사는 약 5개
월 동안 머물며 일본 정부의 후한 대접을 받
았다. 김홍집은 외무성을 방문하고, 정계·교
육계·재계 등 각 방면의 다양한 인사들과 친
분을 나누었다. 또한 일본 각지를 돌며 정부
기관과 산업 시설을 견학하고 일본의 발전상
에 놀라움을 금치 못하며, 개화의 필요성을
확신하고 돌아왔다. 이때 일본에서 돌아오면

김홍집

서 중국 청나라 사람 황준헌이 쓴 『조선책략
朝鮮策略』이라는 책을 갖고 와서 고종에게 바쳤다. 동시에 세계정세를 살
펴보면 일본뿐만 아니라 미국·영국 등과도 외교를 넓혀 개화를 통해 나
라를 잘살게 해야 한다고 확신에 차서 아뢰었다.

그러나 "중국과 친하게, 일본과 결속하고, 미국과 연대하는" 외교정
책을 써서, 서양의 여러 나라와 통상하여 산업과 무역의 진흥을 꾀하고
서양의 기술을 배워 부국강병을 수행해야 한다는 내용의 『조선책략』을
읽은 조선의 반개화파 세력들은 김홍집을 비난하며, 조선 정부의 적극
적인 개방외교와 개화정책을 반대하였다. 1881년 영남의 유생 이만손
이 만인소를 올려 "사학邪學과 이단異端을 물리치고, 정학正學과 정도正道
를 지키자"는 위정척사를 주장하며 외국과의 통상을 적극 반대하였다.

유생들의 반대가 거세어지고, 쇄국정책을 추진하던 대원군이 청나라
에서 되돌아오자 개화정책을 전면에 내세우며 추진하기가 어려워졌다.

특히 외국 문물을 배우러 사절단을 파견하는 것은 더더욱 어려워졌다. 돈만 많이 들고 자주적인 외교에 어긋난다는 비난이 많았기 때문이다. 그러나 고종은 개화의 물결을 거스를 수는 없으며, 서양의 새로운 문명과 일본의 앞선 문물과 제도를 배워 미래를 대비해야 한다고 생각했다. 그래서 3차로 사절단을 보낼 계획을 하였다. 박정양을 불러 사절단 파견을 비밀리에 추진하도록 하고, 공식적인 외교사절단이 아니라 비공식적인 신사유람단으로 일본의 실정을 조사하고 파악해 오도록 하였다.

드디어 박정양을 단장으로 젊고 개혁적인 사람들로 신사유람단을 꾸려 1881년 4월 10일 부산을 출발했다. 신사유람단은 박정양·홍영식 등 12명을 조사위원으로 하고, 위원 2인당 1명의 수행원과 통역 1인, 보조인 1인으로 총 5인이 함께하도록 조를 짰다. 모두 6조로 하고, 각 조마다 시찰할 주요 일본 정부기관을 정했다. 박정양은 내무성과 농상무성, 홍영식은 육군, 조준영은 문부성 등으로 담당분야를 정해서 세밀하고 깊이 있게 관찰·조사하여 자세한 보고서를 작성하도록 하였다.

이상재는 단장 박정양의 수행원으로 일본으로 가는 신사유람단에 포함되었다. 이때 이상재는 비로소 나라에서 녹봉을 받는 임무를 수행하게 되었다. 하지만 신사유람단은 반개화파의 반대 속에서 비밀리에 추진되었고, 일본으로 떠나기 전까지는 암행어사로 발령하여 비밀리에 움직이도록 하였다. 여행 중에는 공적 기관의 도움을 받지 않았고 가능하면 민가나 상가를 이용하였다. 신사유람단의 모든 경비도 일본이 아니라 조선 정부에서 부담하는 것으로 했다. 이상재의 첫 공적 임무는 일의 목적과 내용이 드러나지 않도록 하는 것이었다. 게다가 수행원의 입장에서 보면 특별 수행원인 이상재는 전체 일정을 조정하고 기획하며 관리해야 하는 고된 업무였다. 드러나지 않게 이 일을 무리 없이 잘하기는 매우 어려운 일이었다. 박정양과 이상재는 7월 말 부산에 도착하여 4개월여 간의 공식일정을 마치고 고종에게 보고한 뒤 몸져 드러누울 정도였다.

이상재는 박정양을 따라 일본에서 내무성과 농상무성을 시찰하면서 보고 들은 것을 기록하고, 자료 등을 수집·정리하여 시찰보고서를 작성하는 것을 지원하였다. 신사유람단 전체가 작성한 100여 권의 서류와 책자도 꼼꼼히 정리하는 데 전력을 기울였다. 그리고 수행원으로 함께 간 유길준·윤치호 등과도 친분을 쌓았다. 특히 시찰 조사위원인 홍영식은 이상재의 일처리 능력과 식견을 높이 평가했다.

이상재는 특히 일본의 전신·전화 등의 통신 기술 발전을 보고 놀랐다. 당시에는 나라의 급한 용무가 있으면 봉화를 올리거나 말을 탄 파발을 보내 연락을 취하고 있었다. 전화라는 것을 통해 멀리 있는 사람들이 마치 얼굴을 마주보고 이야기하듯이 직접 자신의 목소리를 전달하는 방법은 놀랍고 신기했다. 자신이 직접 말을 타고 서신을 전달하거나 인편을 통해 긴요한 연락을 주고 받았던 것과 비교하면 편리하

홍영식

윤치호

유길준

기 그지없어 보였다. 전신을 통해 항구와 항구, 나라와 나라를 연결하여 연락하는 방법 또한 편리해 보였다. 또 나라 전체에 연결망을 두어 전국 각지의 편지를 모아 다시 전국 각지로 나누어주는 우정업무 역시 시급히 도입되어야 할 제도로 인식되었다. 서울에 머물며 고향으로 종종 편지와 물건을 보내며 겪었던 고충이 한순간에 해결될 것 같았다.

또한 전문기술을 높이 평가하고, 신분에 상관없이 열심히 일하여 생계를 유지하는 모습도 바람직해 보였다. 양반이라는 것을 내세우면서 자기 손이나 몸을 이용하여 힘써 일하는 것을 경멸하는 조선의 풍조가 바뀌어야 할 것 같았다. 땀 흘리며 일하기를 꺼려하고, 말은 교묘하게 하나 실제 세상 돌아가는 것에는 문외한인 조선의 실상은 변해야 한다고 생각했다. 그래서 땀 흘려 일하는 것을 자랑스럽게 여기고 누구든 한 가지 이상의 전문 기술을 익혀 스스로의 힘으로 생계를 유지하도록 하는 산업 기술교육이 중요하다고 생각하게 되었다. 일본이 서양의 앞선 문물과 제도를 받아들여 발전을 이루게 된 밑바탕에는 교육의 힘이 크다는 것도 알게 되었다.

신사유람단으로 나라를 위해 일본을 샅샅이 보게 된 것은 이상재에게 앞으로 세상이 어떻게 달라져야 할지 직접 체험하는 기회가 되었다. 문을 걸어 잠그고 국제사회의 변화와 상관없이, 실생활에 응용되지 않는 고리타분한 옛글만 외우게 하는 것은 버려야 한다는 것을 절박하게 느꼈다. 이상재는 고종의 개화노력에 힘을 보태 세상을 변화시키는 일이라면 무엇이든 해야겠다고 결심하기에 이르렀다.

일본을 시찰하고 돌아온 이상재는 세상이 어떻게 달라질지 관망하고 있었다. 일본에 가 있는 동안이었던 1882년 5월 조선 정부는 미국과 통상조약을 맺어 외교의 범위를 넓혀가고 있었다. 그리고 일본에 수신사를 파견한 것처럼 보빙사라는 이름의 사절단을 미국에 보내고자 했다. 이상재와 함께 조사시찰단으로 일본에 갔던 홍영식과 유길준이 미국으로 가는 보빙사 일행에 포함되어 1883년 7월 26일 인천을 출발하였다. 보빙사 일원들은 40여 일간 미국에 머물며 박람회·신문사·공장·조선소·육군사관학교 등을 방문하고, 미국 정치와 농업 기술의 발전에 대해서 배웠다.

홍영식이 미국에서 돌아오자마자 조선 정부는 우정업무 시작에 박차를 가했다. 우정업무는 전통적인 파발업무를 근대적인 통신업무로 개편하는 것으로 개화정책의 꽃이라고 할 수 있다. 1882년 행정조직을 개편하면서 통리교섭통상사무를 맡아보는 부처의 부속시설로 우정사를 설치하여 근대적 통신제도를 도입하고자 하였다. 고종은 1883년 3월 27일 우정총국을 설치하고 홍영식을 협판으로 임명하는 등 본격적으로 개혁에 착수했다.

고종은 우정사무에 관련된 규칙을 정하고 인원을 충당하는 일을 모두 홍영식에게 맡기는 다음과 같은 명령을 내렸다.

각국과 통상을 시작한 이후로 안팎으로 관계되는 일이 날로 증가하고,

경성 우정국

나라의 무역에 대한 소식이 그에 따라서 늘어나고 있다. 그러니 체전遞傳을 합당하게 하지 못하면 원근의 소식을 모두 연락하지 못하게 될 것이다. 그래서 우정총국을 설립하도록 명령하니, 우선 인근 각 항구에 오가는 우편함을 맡아서 처리하고, 국내의 우편에 대해서도 점차 확장하여 공사公私에 이롭게 하라.

병조 참판 홍영식을 우정 총판으로 임명하여 일을 처리하게 하며, 우정총국의 시행 규칙과 고용해야 할 인원도 모두 홍영식 총판이 알아서 시행하라.

이 내용을 군국아문軍國衙門과 통신아문通信衙門에 전달하라.

홍영식은 이 명령에 따라 이상재 등 14명의 담당 관리를 선발하였다.

우리나라 최초의 우표인 5종의 문위우표

그리고 우정총국의 인천분국을 설립하고 분국장에 이상재를 임명하여 분국업무를 총괄하도록 하였다. 서울에서는 체신사무 법규를 준비하고, 또 우정총국의 직제를 만들었다. 지방 우편소를 설치할 곳과 우표, 우편물을 운반할 때에 사용할 깃발 도안을 만드는 등 우정국 업무 개시를 준비하였다.

이상재는 13년 동안 지내던 박정양의 집을 나와 인천으로 내려갔다. 혼자 지내면서 추천인 홍영식의 기대에 어긋나지 않도록 노력하였다. 이상재는 서구식 건물로 우정분국을 짓는 일부터, 직제를 만들고 배달부를 뽑는 한편 우편물을 모으고 분산하는 업무, 인천과 서울 간의 연락을 정비하는 업무 등을 총지휘하며 순조롭게 우정 사무가 이루어지도록 기반을 마련했다. 드디어 1884년 11월 18일(음력 10월 1일) 우편업무가 시작되었다. 이상재가 분국장으로 있는 인천과 서울 사이에 우편업무가 개통되었다. 임명장을 받고 수행한 첫 관직 업무가 드디어 결실을 보게 되자 감격스럽기 그지 없었다.

당시 사용된 우표는 우표 가격이 당시의 화폐 단위인 문으로 표시된 문위우표로 5문, 10문짜리 우표였다. 우표 제작을 위해 태극을 디자인한 5종의 문위우표를 도안하여 일본에 인쇄를 의뢰하였으나 인쇄되어 나온 것은 도안과는 전혀 달랐다. 게다가 25문, 50문, 100문짜리 우표는 늦게 인쇄되어 나오기도 했다.

우정업무는 편지의 왕래를 담당하는 우편업무를 비롯하여 전신을 활용한 전보 전화의 개통 등으로 확대되는데, 먼저 우편 전달의 체계가 잡힌 것이다. 우편업무가 이때 시작되었다면, 전신업무는 1884년부터 시작되었고, 전화업무는 10여 년이 지난 1896년에서야 서울과 인천 간에 개통되었다.

우편·전신·전화는 사람들의 생각과 생활방식 등을 많이 바꾸어 놓았다. 우편소와 우편함이 생기고, 먼 곳에서 전보가 날아들었다. 전보가 생긴 이후에는 전보 한 장이 생과 사를 가르는 매체로 등장했다. 전화가 생긴 이후에는 전화 한 통이 사람의 목숨을 구하기도 하였다.

한 일화로 백범 김구가 명성황후가 살해된 뒤 일본인 장교에게 보복을 하여 붙잡힌 적이 있다. 사형 선고를 받고 형 집행을 기다리는데 인천감옥으로 한 통의 전화가 왔다. 사형을 결재한 고종이 뒤늦게 일본인을 살해한 이유가 국모의 원수를 갚기 위해서라는 것을 알고 직접 전화

를 한 것이다. 서울과 인천 사이에 전화가 개통된 지 3일째 되던 날의
일이었다.

멀리 떨어져 있어도 목소리를 전할 수 있게 된 것을 안 고종은 다시
전화 한 통의 개설을 요구했다. 당시 경기도 남양주시에 있는 명성황후
의 무덤 홍릉으로였다. 매일 아침 전화를 걸어 명성황후에게 비 오는데
괜찮으냐, 눈이 오는데 춥지는 않느냐고 말을 걸었다. 왕위에서 물러나
는 날 아침에도 명성황후에게 전화를 했다. 그러고는 이내 풀죽어 "아
무리 멀리 떨어진 사람의 목소리를 들을 순 있어도 저승까지는 못하는
구나"라고 중얼거렸다고 한다.

이상재는 우정업무가 사람들의 생활을 어떻게 편리하게 하는지 그
중요성을 누구보다 잘 알고 있었다. 하지만 당시 사람들에게는 전신·전
화가 어떻게 가능한지 상상조차 하기 어려웠다. 훗날 이상재가 일본에
가보니 교통 통신이 이러저러 하더라고 돌아와서 사람들에게 아무리 말
해도 반신반의 하더라는 이야기를 자주할 정도였다. 이상재는 일본 조
사·시찰할 때의 경험을 활용하고, 박정양의 집에서 만났던 개화파 인
사들과의 교류를 바탕으로 새로운 기틀을 만드는 작업에 신중을 꾀하였
다. 그리고 사회의 변화를 민감하게 읽어내려고 노력하였다.

1883년 8월 외무아문 대신 박영효는 박문국을 설치하여 『한성순보』
를 발행하였다. 신문을 통해서 나라 안팎의 소식과 유럽의 정치 제도와
문물을 소개하고, 개화를 위한 내용을 널리 퍼트리고자 하였다. 당시 이
상재는 고향 한산으로 보내는 편지에도 세상의 변화를 알리는 내용을
꼭 적어 보내, 부모님을 비롯하여 시골에서도 가족들이 세상 돌아가는

것을 알 수 있도록 하였다.

　그 동안 한결 같이 평안하시며, 아이들도 잘 자라고 있는지요?
　부모님 그리워하는 마음 그지 없습니다. 저는 여전이 잘 지냅니다.
　제수씨가 복용할 약재를 입수하였사오니 처방대로 지어 쓰심이 어떠하
겠습니까.
　최근 서울 소식은 별다른 것은 없습니다만, 저동에 박문국을 실시하여
우리나라에도 신문이 발행되었습니다. 명칭을 『한성순보』라 하고 이미
이 달에 간행되었습니다. 지금 김 감찰이 집으로 가는 편에 몇 자 적어
보내니, 읽어주시길 바랍니다.

　드디어 1884년 12월 4일 우정국의 개업을 알리기 위한 축하연이 열
렸다. 그러나 그 자리에서 갑신정변이 일어나고 3일 만에 실패함으로써
우정업무도 고종의 지시에 의해 12월 8일 폐지되었다. 이상재의 근대적
우편 통신 시스템을 만들려는 노력도 물거품으로 돌아갔다. 35세에 시
작한 이상재의 첫 관직생활도 1여 년 만에 끝이 났다. 다행이 이상재는
인천분국에 근무하고 있었기 때문에 갑신정변 관련자들의 체포 및 구금
에서 벗어났다. 하지만 개화를 통한 부국강병의 꿈이 좌절되자 이상재
는 어쩔 수 없이 고향 한산으로 귀향할 수밖에 없었다.
　고향으로 돌아온 이상재는 그동안 가족을 돌보지 못했던 미안함에
여러 가지 집안 대소사를 돌보았다. 1885년에는 장남 승륜을 결혼시켰
다. 그리고 다음 해 1886년에 차남 승인도 혼사를 치렀다. 오랜만에 부

모님을 모시고, 가장으로서 역할을 한다고 생각하니 마음이 홀가분하였다. 집을 비운 사이에 대가족을 이끌고 고생한 아내도 살뜰하게 챙겼다.

잠시 내려가 있을 것으로 여긴 이상재가 2년이 넘어도 서울로 올라오지 않자 박정양은 사람을 보내 하루빨리 서울로 올라올 것을 재촉하였다. 하지만 서울에서 전해오는 나라 소식은 이상재의 마음을 우울하게 하였다. 자신을 총애하여 우정분국장으로 추천했던 홍영식은 고종을 끝까지 지키려다 분노한 민

갑신정변의 주역(좌로부터 박영효, 서광범, 서재필, 김옥균)

중들에 의하여 살해되었다. 그리고 홍영식의 아버지는 아들의 소식을 듣고 자결했다고 한다. 그 일로 나라를 위한 일이 패가망신으로 이어질 수 있음을 뼈저리게 느꼈다. 개화파 인사들이 일본으로 몸을 피하고, 함께 나라의 앞일을 걱정하던 동료들도 공부를 핑계로 국외로 나가 있거나 몸을 낮추고 있었다.

이상재는 낙향하기 전 갑신정변의 난을 조사하는 곳으로 스스로 걸어가 홍영식의 수하라고 소개하면서 죄가 있으면 벌을 받겠노라며 일러두고 왔다. 하지만 서울의 일을, 나랏일을 완전히 접을 수는 없을 것 같

아 망설이고 있던 참이었다. 그러던 1887년 한여름에 어머니가 세상을 떠났다. 이상재는 어머니의 장례를 치르자마자 서울로 올라가기로 마음을 먹었다.

주미공사를 따라 미국으로 가다

서울로 가서 다시 생활에 적응할 무렵, 1987년 8월 7일 주미 외교 서기
관으로 발령이 났다. 박정양이 초대 주미공사로 부임하게 되어 이상재
가 서기관으로 동행하게 된 것이었다. 48세의 박정양을 단장으로 43세
의 이종하, 38세의 이상재, 30세의 이완용과 이하영을 비롯하여 이채
연·강진희·이헌용의 수행원과 통역관 알렌, 그리고 하인 김노미와 허
용업으로 일행을 구성하고 출발 준비를 했다.

　주미대사 파견은 조선이 독립국임을 세계 여러 나라에 당당히 알리
는 것으로 자주 독립외교의 출발점이었다. 그러나 출발하기 전에 이 사
실을 안 청나라는 '영약삼단'이라는 조건을 내걸어 조선의 자주외교에
간섭을 하기 시작했다. 영약삼단이란 한국 공사가 미국에 가면 먼저 중
국 공사를 찾아보고 그 안내로 외무부에 갈 것, 조회나 공식연회 석상에
서 한국 공사는 마땅히 중국 공사 다음에 앉을 것, 중대 사건이 있을 때

에는 반드시 중국 공사와 의논할 것을 내용으로 하였다. 이것은 주미대
사의 활동에 큰 제약을 가하는 것으로 주미대사 파견의 의미를 반감시
키는 것이었다.

영약삼단의 문제로 출발이 지연되다 1887년 11월 7일 마침내 인천
을 출발하였다. 일본을 거쳐 40여 일간의 기나긴 항해를 거치고 미국
샌프란시스코에 도착한 날은 1887년 12월 28일이었다. 입국 수속을 하
고 1888년 1월 1일 드디어 미국 땅을 밟았다. 다시 워싱턴으로 이동하
여, 조선의 주미 외교단이 파견되어 도착했음을 알리는 고종의 국서를
1월 17일 외교부를 통해 미국 대통령 클리브랜드G. Cleveland에게 봉정하
는 것으로 외교활동이 시작되었다.

국서를 봉정하고 의기양양하게 워싱턴 광장을 지나가는데, 공사 일
행의 옷차림을 보고 사람들은 신기한 듯 쳐다보았다. 애들은 졸졸 뒤를
따르며 "차이나, 차이나" 하고 놀리고 심지어 돌을 던지기도 하였다. 지
나가던 경찰이 애들을 잡아서 제지하자 이상재가 경찰에게 다가가 손짓
몸짓으로 풀어줄 것을 호소하기도 하였다. 훗날 이상재는 이 장면이 기
억에 남았는지 "차이나, 차이나" 하며 신기해하던 사람들에 대해 자주
이야기하곤 했다.

공사 일행은 미국의 관례에 따라 각국 공사를 찾아가 부임인사를 했
다. 그리고 공관 안에 고종의 사진과 세자의 사진을 걸고 보름마다 망
배의 의례를 거행하고 이날은 공휴일로 하여 쉬었다. 일상적인 업무로
는 미국에 와 있던 조선인을 만나거나 공식·비공식 외교 연회에 참석
하고, 군사 고문단을 알선하는 등 여러 가지 사무를 처리했다.

고종이 주미공사를 파견한 것은 미국과의 국교 수립과 친선 도모뿐만 아니라 국방력을 강화하기 위한 방안을 모색하는 의도도 있었다. 박정양 공사 일행은 200만 달러의 차관을 얻어, 이 돈으로 미국인 병사를 초빙하여 국방력을 강화하는 안을 추진하였다. 우선 뉴욕은행에 부산·원산·인천 3곳 개항장의 관세를 저당 잡히고 200만 달러의 차관을 얻었다. 그리고 미국인 고용병의 초빙을 위해 고용병 파견안을 상하의원에 제출하는 안을 상정하였다. 고용병 초빙이 성사되도록 다양한 외교활동을 전개하였으나 결국 고용병 파견안은 의회를 통과하지 못하고 좌절되었다.

자주적 외교에 대한 청나라의 간섭과 방해는 극심하였다. 미국 대통령에게 국서를 봉정할 때 영약삼단에 따라 청나라 공사를 통해서 하도록 하였으나 이를 지키지 않았다고 꼬투리를 잡아 청나라는 박정양에게 사약을 내리라며 고종을 압박했다. 결국 이하영을 남기고 박정양 공사 일행은 철수할 수밖에 없었다. 귀국길에 오른 이상재 일행은 공사 박정양을 일본에 머물게 하고 우선 국내에 들어와 고종에게 소명하였다.

이상재는 미국에서 활동하던 중 미국인의 생활과 사고방식을 직접 체험하며, 세계의 문명에 대해 깊이 고민하였다. 국서를 봉정할 때 미국의 인사 예법을 잘 모르고 무릎을 꿇고 큰절을 올려 놀라움의 대상이 되기도 했다. 일본을 방문했을 때는 동양의 예의범절과 문화가 서로 닮은 점

관복 입은 이상재의 모습

이 있어 낯설지는 않았다. 이제 동양의 눈으로 서구를 바라보는 것뿐만 아니라 서구의 눈으로 동양을, 즉 바깥에서 안을 들여다 볼 기회였다. 서로의 문화가 다르고 각 문화에는 나름의 가치가 있다는 것을 깨달았다. 놀림을 당해도 한복을 그대로 입고, 젓가락을 가지고 다니며 식사를 했다. 그러면서 구미의 기술문화가 발달해 있다하더라도 사람의 예의범절이나 도리는 전래의 것이 소중함을 느꼈다. 이상재는 틈틈이 기독교 종교서적도 열심히 읽었는데 나라를 부강하게 하고 사람 사는 도리가 바로 설 수 있는 정신적 힘이 어디에서 오는지 알기 위해서였다. 기술 문명이 발달하면 발달할수록 정신을 바로 하는 것이 무엇보다 중요함을 새삼 깨우치게 되었다. 그러면서 앞으로 변화를 온몸으로 겪으며 살게 될, 집에 두고 온 자식들이 걱정이 되었다. 말도 안 통하는 미국에서 입에 맞지도 않은 음식으로 끼니를 떼우면서, 어떤 상황에서도 무엇보다 자신을 바로 세우는 공부가 중요함을 절감했다. 그리고 공부를 통해 자신을 강하게 하는 것이 필요함을 절실하게 느껴 기회가 닿을 때마다 자식들에게 편지를 썼다.

아들에게

일전에 보낸 편지는 보았느냐. 할아버님 기력도 강건하시며, 집안의 식솔들도 모두 태평한지 참으로 궁금하구나. 나는 지내기가 여전하거니와, 약간 견디기 어려운 것이야 어찌할 수 있겠느냐. 여기 온 후로 아직도 안부 듣지 못하여 더욱 힘들구나. 너희들은 공부를 착실하게 하여 괄목할 만큼 학업의 진보에 성과를 거두어 가고 있느냐.

지금 천하가 분분하여 총칼로 정치를 삼고 이해로써 풍속을 삼아, 서로 강력을 자랑하구나. 바다에는 기선이 있고 육지에는 철로가 있어 만리를 지척으로 보고 사해를 이웃으로 여기고 있는데, 그들의 문화는 동양 문화가 아니며, 그들의 도덕은 모두 다 사학邪學이다. 우리 유가의 전통은 거의 다 말살될 지경이 되었으니, 이것이 어찌 글을 읽어 도덕을 배우는 자가 크게 두려워 할 바 아니며, 크게 분발할 바가 아니더냐.

내가 세계정세를 살피건대, 부강과 이익을 추구하여 사람의 눈과 귀를 어둡게 하니, 마음가짐이 든든하고 도리에 밝게 통하지 아니하면 그들의 손아귀에 떨어지고 말 것이다. 그러면 마음을 굳게 하는 법은 무엇이겠는가. 오직 부지런히 독서하여 진리를 탐구하는 것이다.

또 진리를 통명하게 밝게 하는 방법은 어떠한 것일까. 오직 좋은 지식을 마음에 쌓아 잡념이 사라져 거울같이 되고, 물같이 티가 없어야 툭 트이게 밝아지는 것이다. 이렇게 되면 만물이 다 와서 비치기를 각각 제 모양대로 나타내서 하나도 제 본색을 숨길 수 없게 되는 것 같은 것이다. 너희들은 내 말을 허술하게 여겨서는 안 된다. 몇 해 지나지 않아 내 말이 망발이 아님을 알게 될 것이다. 너희는 이 점을 염두에 두어 삼가하고 또 삼가하여라. 집안이 무사하고 나라가 무사한 이때에 눈을 크게 뜨고 부지런히 노력하여 훗날 도능독徒能讀(읽으나 그 참뜻을 깨닫지 못함)을 한탄하는 일이 없도록 하여라. 그리고 독서하는 틈틈이 글씨를 연습하여 조금이라도 방심함이 없도록 하여라.

오늘 일초의 공부가 다음날 하루의 성과를 얻을 것이며, 오늘날 하루의 공부가 뒷날 10일간의 효과를 얻을 것이니, 명심하고 또 명심하기 바란다. 너희들의 근면함이 어떠한가는 내가 돌아가는 날 한 번 보아 알 수 있는 것이니, 내가 돌아가는 날 좋은 얼굴로 너희를 보게 할 것인지, 너희를 꾸짖는 나쁜 얼굴로 보게 할 것인지 깊이 깊이 생각해 주기 바란다. 지난 겨울에는 어떤 글을 읽었으며, 어떤 글을 끝냈느냐? 그리고 안 보고도 욀 수 있는 정도가 되었느냐? 이만 그친다.

이 글을 통해 미국 생활 동안 사람이 사람답게 사는 세상은 동양의 문화, 동양의 도덕이 중심이 되어야 하고, 그것은 유교의 가르침에 있다는 생각이 더욱 확고해졌음을 볼 수 있다. 이상재는 동도서기론적 입장을 분명히 밝혔다. 유교의 가르침이 진리이며, 이 진리는 독서를 통해 마음을 통명하게 닦는 것으로 도달할 수 있다고 부지런히 공부할 것을 자식들에게 간절하게 호소하였다. 엄한 표정을 짓고 자식들의 공부를 독려하는 이상재의 모습이 눈앞에 선하게 그려지는 듯하다. 그래도 마음이 놓이지 않았는지 다시 편지를 써서 편지를 방에다 붙여 놓고 마음에 새기면서 공부하라고 일렀다.

아들에게
바닷길이 멀고 우편물의 중량이 제한되어 있어 너희들에게 자주 서신을 못 보냈구나. 그동안 어머니와 할아버지 모두 한결같이 건강하시며, 집안 두루두루 평안하느냐.

또 다시 한 가지 길이길이 걱정되는 것은 너희들의 공부이다. 사람이 사는 곳에는 사농공상의 네 가지 직업이 있는 것인데, 만약 이것을 외면하는 자는 항업을 갖지 못하였다고 하고, 항업을 갖지 못하면 항심이 없는 것이다.

너희도 자세히 생각해 보아라. 너희가 오늘 종사하고 있는 업은 곧 사민의 첫째로 선비라고 하는 것이니, 선비라는 것이 어찌 입으로 글이나 외고 손으로 글자나 그리는데 그치겠는가? 입으로 외우고 손으로 쓰는 것이 다 공부하는 것으로, 어떤 것이 공부 아닌 것은 없지만, 공부하는 까닭은 마음 속에 간직하여 행동으로 실행하기 위해서이다. 만일 쓸데없이 외우고 쓰기만 하고 마음에 지녀 실행하는 바가 없으면 이것을 도능독徒能讀이라고 하는 것이다.

그러므로 도능독이라는 것은 읽으나마나 한 것으로서, 비록 10년, 20년을 읽어도 부질없이 무익할 뿐만 아니라 도리어 해가 되고 마는 것이다. 쓸데없이 독서했다는 허명만으로 독서의 성과는 얻지 못하고, 중년에 이르러서는 거꾸로 떨어져, 농민만도 못해질 뿐만 아니라 장사도 못하고, 직공 노릇도 할 수 없게 된다. 사민 제일 윗자리에 있던 것이 사민 밖으로 쫓겨나 우선 제 자신부터 망하고, 다음으로는 패가하기까지 이르러, 이웃과 친구들이 모두 비웃게 되는 것이다. 이렇게 되면 비록 농부의 집에 가서 양식을 빌리고, 상공업자에게 돈을 구걸하려고 하여도 불쌍히 여겨 도와줄 사람 없으며, 설혹 도움을 받는다 하더라도 사람의 신세가 여기까지 이르면 한심하다 할 것이다.

나는 너희들 걱정에 자나깨나 마음을 놓지 못하고 동동거리지 않을 때가 없는 것이다. 만일 학업에 성실하지 못하면 일찌감치 농업으로 돌아가는 것이 옳다. 요즘 일정한 직업을 갖지 않고 있는 사람들 중에, 하는 일 없이 잘 먹고 입는 것을 마치 자랑으로 여기며, 남을 속이고 재물을 빼앗는 것을 큰 재주로 알고, 자기 스스로를 상류층으로 자처하여, 농업이나 상공업에 종사하는 사람들을 마치 하인처럼 대하며 천시하는 자가 많다. 만일 지각 있는 자가 보면 이것을 뭐라고 할 것인가? 내가 이렇게 말하는 것은 너희들에게 꼭 농업이나 상공업을 강요해서가 아니고, 너희들이 학업에 열중할 것을 장려하기 위해서이다. 너희들은 반드시 자신의 역량을 자기 마음 속에 새기고 내 말을 참작하여라. 부지런히 공부하려면 공부를 하고, 농업이 좋겠거든 농업을 할 것이고, 상업이나 공업을 하는 것이 옳겠거든 상업이나 공업을 해도 좋다.

천하 만사가 어떤 것이든지 성의를 가지고 하지 않고, 쓸데없이 이름만 내세워서 한다면 농사는 황폐하고, 공업이나 상업은 파산할 것이다. 하물며 학업이야말로 모든 정성을 들여 해야 할 것이 아니겠느냐?

내가 집에 있을 적에, 매번 너희들이 학업에 성실하지 못하고 허명만 숭상하고 있는 것을 보아왔던 까닭으로 이렇게 잔소리를 하는 것이다. 내 마음에 맺히고 박힌 것이 없고서야 지금 4만 리 밖에서 어찌 이토록 간절히 이르겠느냐?

우리나라만 아니라 천하 각국이 다 그러하거니와, 미국에 도착한 뒤에 세상물정을 자세히 살펴보니, 이곳에도 또한 사민의 구별이 있어서, 만일 한 사람이라도 사민 밖에서 호의호식하는 자가 있으면 난민이라고 해서 절도와 마찬가지로 다스리며, 이런 자가 비록 현직 고관의 자식이라고 해도 조금도 가차 없이 처벌되는 까닭으로, 국민은 모두 직업을 갖고 있다. 그러므로 나라도 부강한 것이 이 때문인 것이다.

학업이란 것은 고금을 널리 통하여 내 마음을 넓히고, 내 의리를 밝히어 내 행동을 법도에 맞추어 행하고, 일을 할 때는 시비를 옳게 분변하여, 내 도리를 극진히 하는 것이다. 그러면 부귀와 영욕은 스스로 따르게 될 것이니 너희는 마땅히 아비의 말을 가슴에 새기고 지키고 행하여, 신신 당부하는 본 뜻을 잊지 말고 힘쓰고 정성을 다하여 배우고 익혀서, 남에게 심한 모욕을 받는 일이 없도록 하여라.

내가 어린 시절 정성들여 공부하지 못했던 것을 항상 부끄럽게 여기었다. 지금 사신을 수행한답시고 왕명을 받들어 이곳에서 일하고 있는데, 일을 할 때 막힘이 많고 처리하는 데 잘못하는 것이 많아 전전긍긍하고 있다. 그리하여 옛날의 잘못을 새삼 깨닫게 되니, 너희들은 후회없기 바라며 이렇게 말하니, 너희는 명심하고 또 명심하기 바란다.

속담에 이르기를 "저는 비록 착하지 못하더라도 자식을 가르치는 데는 반드시 착하게 가르친다" 하였으니, 내가 어찌 옳지 못한 말로 너희들을 가르치겠는가. 너희도 짐작하는 바 있을 줄로 안다. 이 이야기를 스승님께 드리도록 하여라. 스승님도 반드시 내 말과 같은 이야기를 하실 줄 안다. 이만 줄인다.

그리고 반드시 이 편지를 한 장 깨끗이 베껴 방에다 붙이고 매일 보면서 유념하기 바란다. 또 이 편지를 두루두루 돌려보며 서로 친구들끼리 권

면하면 도움이 될 것이다.

1888년 6월 4일 미국 수도에서 아비가 쓴다.

미국에 체류하며 이상재는 또 하나 중요한 깨달음을 얻었다. 모든 사람이 자기의 직업을 갖고 열심히 살아가는 것이 미국이 부강하게 된 원천이라고 생각하게 된 것이다. 글을 읽는 선비라고 해서 헛되이 이름만 숭상하고 내실이 없다면 실생활에 의미 없음을 체험하였다. 이때의 직업에 대한 깨달음이 교육, 특히 직업과 기술교육의 중요성 강조로 이어지고, YMCA에서 산업교육을 활발하게 전개하게 된 바탕이 되었다고 볼 수 있다.

고종에게 사정을 보고하다

청나라의 요청에 의해 파직당하고 벌을 받게 된 박정양은 1888년 12월 24일 일본에 도착해 우선 몸을 피했다. 대신 이상재는 먼저 귀국하여 여기저기 주미 공사로서의 독립적인 업무 수행에 대해 소명하러 다녔다. 미국이 청나라 공사보다 우리 공사를 더 우대할 정도로 독립국가로서의 자주외교를 손색없이 펼쳤음을 알렸다.

천신만고 끝에 박정양은 드디어 조선으로 돌아왔다. 그는 곧바로 궁으로 가서 고종을 뵙고 그간의 사정을 자세히 보고하였다. 고종도 반갑게 맞이하였다. 1889년 7월 24일 『고종실록』에는 이들의 대화를 자세히 적어 놓았다. 이상재도 이 자리에 동행하여 고종을 처음으로 뵈었다.

고종　그 나라 면적이 일본에 비하여 몇 배나 되는가.

박　면적은 우리나라에서 거리를 재는 법으로 계산하면 동서가 8,550리이고 남북이 4,800리입니다. 이것은 세계지도를 보고 안 것이고, 그 나라 사람을 만날 때마다 들어보니 영토의 넓이는 아시아의 중국이나 구주의 러시아보다 작지 않다고 했습니다.

고종　그 나라에 주재해 있을 때 대통령이 접대하는 절차는 어떠했으며 접견할 때마다 악수로 인사를 하던가.

박　그들이 접대하는 절차는 기타 각 나라들과 같았으며 극히 친절했습니다. 서양 풍속에서는 악수하는 것이 접견할 때의 예절로 여기기 때문에 신도 그 나라에 들어가서는 그 인사법을 따라 악수로 인사를 했습니다.

고종　그 나라는 매우 부강하다고 하는데 과연 그렇던가.

박　그 나라가 부강하다는 것은 비단 금이나 은이 풍부하다거나 무기가 정예하다는 것뿐만이 아닙니다. 그것은 전적으로 내부를 정비하고 실리에 힘쓰는 데 있습니다. 재정은 항구세를 가장 기본으로 하고, 그다음은 담배와 술이고, 그다음은 토지세이고, 기타 잡세도 적지 않다고 합니다.

최근 한 해의 수입은 거의 3억 7,140여 만원을 넘고 한 해의 지출은 2억 6,790만 원이니, 지출과 수입을 대비할 때 남는 것이 4분의 1이나 됩니다. 때문에 어떤 사람들은 각 항구에 들어오는 물건의 세를 줄이자고 논의하기도 하고, 또 어떤 사람들은 각 항구에 들어오는 물건의 세를 줄인다면 다른 나라에서 명주, 비단, 도구

같은 물건 등의 수입이 날로 증가하여 들어오고 그에 따라 값이 싸지면 백성들은 사서 쓰기를 좋아하면서 만들려고 하지 않을 것이니, 백성들이 자연히 게을러지고 나라가 빈약하게 될 것이라고 합니다. 그리하여 세를 줄이자는 논의는 결국 시행되지 못했으니, 그 나라가 부유해진 이유를 이미 알 만하고, 재정을 넉넉하게 하는 방법도 이를 미루어 알 수 있습니다.

대개 그 나라 재정의 원천이 이와 같은데도 오히려 비용을 절약하고 낭비하지 않기 때문에 날로 부유하여 각 국의 으뜸이 되었으니, 그 나라가 부유하게 된 요점은 전적으로 비용을 절약하는 데 있고, 비용을 절약하는 요점은 전적으로 규모에 달려 있습니다. 그 나라의 규모가 주도면밀하여 일단 정한 규정이 있으면 사람들이 감히 어기지 못합니다.

고종 그 나라의 규모가 매우 주도면밀하다고 했는데 과연 어떠한가.

박 관리로 말하면 나랏일을 자기 집안일과 같이 여기며, 각각 자기 직책의 정해진 규정을 지키고 한마음으로 게을리 하지 않으며, 백성으로 말하면 사농공상士農工商이 각각 자기 일에 종사합니다. 전국을 통계해도 놀고먹는 백성이 드물기 때문에 재정이 이로 인하여 부유하고 규모가 이로 인하여 주도면밀한 것입니다.

고종 그 나라가 다른 나라보다 가장 부유한 것은 실로 규모가 주도면밀한 데 원인이 있겠지만, 인심이 순박하기도 각 국에서 첫째라고 하는데 과연 그러한가.

박 각 국의 인심을 다 알 수 없으나, 미국은 독립한 지 100여 년에 불과하여, 토지는 아직 개간하지 않은 곳이 많으므로 전적으로 백성들을 모집하는 일에 힘쓰고 있습니다. 그리고 교육에 대한 문제를 나라의 큰 정사로 삼기 때문에 인심이 자연 순박합니다.

고종 그 나라에 주재하고 있을 때 어느 나라 공사와 가장 친밀했는가.

박 공사들의 교섭에서는 서로 좋게 지내고자 힘쓰기 때문에 별로 친소의 차이가 없었습니다만, 우리나라와 조약을 맺은 나라의 공사와 더욱 친밀하게 지냈습니다.

고종 일본 사람들은 각국에 왕래하면서 좋은 제도를 많이 모방하여 법률을 고치기까지 하였다고 하는데 과연 그런가.

박 일본 사람들이 각국에 왕래하면서 정치와 법률에서 단점을 버리고 장점을 취하여 모방한 것이 많습니다.

고종 미국이 재정이 풍부하고 제도가 주밀하다는 것은 정말 소문대로이다. 그런데 전적으로 농사일에 힘을 쓴다고 하는데 과연 그렇던가.

박 농사만이 아닙니다. 사농공상이 각각 자기 일에 힘쓰고 있는데, 미국의 남쪽 지방에서는 농사에 가장 힘쓰고 있습니다.

고종 미국은 나라를 세운 지 얼마 되지 않는데 그 정치 제도가 이러하고, 사농공상이 모두 자기 일을 잘하고 있으니 영국보다 우세할 것 같다. 그런데 영국은 상업만을 위주로 한다고 하던데 과연 그런가.

박 영국은 땅이 좁고 인구가 많아서 무역에만 의존하기 때문에 자연 상인이 많으니 당연한 일입니다.

고종 그 나라에서는 항구세를 많은 경우 100분의 5를 받는다고 하는데 과연 그런가.

박　미국의 항구세는 수출세를 낮게 하여 주민들이 생산에 힘쓰도록 장려하고, 수입세를 높여 외국 물품이 백성들의 돈을 거둬 내가는 것을 억제하고 있습니다. 그래서 혹 100분의 5도 받고 혹 100분의 10도 받는데, 그것은 그 물품에 따라서 백성들에게 유리한 것은 세를 가볍게 하여 들여오도록 하고, 백성에게 해로운 것은 세를 무겁게 하여 막아 버립니다. 명주·비단·담배·술 같은 것들은 관세가 원가보다 높은 것이 있으므로, 다른 나라에서 처음 오는 상인들은 가끔 세금이 원가에 맞먹는다고 말합니다.

고종　그 나라는 면적이 그렇게 넓고 백성들의 집도 크고 화려하지만 대통령의 관청은 별로 화려하지 않다고 하던데 과연 그런가.

박　대통령의 관청은 백성들의 개인집과 구별이 없으며, 부유한 백성들의 집에 비교하면 도리어 미치지 못할 정도로 매우 검소합니다. 그러나 개인집과 다른 것은 건물을 전부 흰색 칠을 했기 때문에 나라 사람들이 '백악'이라고 합니다.

고종　그 나라는 남쪽으로 칠레와 브라질을 이웃하고, 북쪽으로 영국·러시아 등에 속한 땅과 경계를 하고 있는데 이것이 북미국北美國인가.

박　남북의 경계는 과연 전하의 말씀과 같은데 비록 북미합중국北美合衆國이라고 부르지만 아메리카주 전체를 놓고 말한다면 미국은 그 복판을 차지하고 있습니다.

고종　그 나라는 해군, 육군의 제도가 그다지 정비되지 못하였다고 하는데 과연 그러하며, 또 상비병·예비병·후비병이 있는가.

박　그 나라에 상비 육군은 3만 명에 불과한데 각 진영에 배치했으며,

현재 워싱턴에 주둔하여 있는 군사는 몇백 명에 불과합니다. 그 나라의 크기에 비하여 군사를 보면 그리 많지 않았지만, 그 밖에 또 민병民兵이라고 부르는 것이 각 지방, 각 촌락에 있고, 군사 학교가 있어 백성들에게 훈련을 가르치는데, 정부에서 군량을 대주지 않아도 나라에 변란이 있을 때마다 천만 명의 정예병을 선 자리에서 동원시킬 수 있습니다. 이것이 이른바 '군사를 백성에 부속시킨다'라고 하는 것인데, 나라를 위하는 마음은 관리나 백성이나 차이가 없습니다.

고종 군사학교는 공립인가, 사립인가.

박 공립도 있고 사립도 있습니다.

고종 오가는 길에 단향산(호놀룰루)이 있다고 하던데 그곳은 어떤 곳인가.

박 그곳은 하와이에 속하는 섬입니다.

고종 하와이는 작은 나라이다. 오가는 길에 과연 두루 보았겠는데 그 면적은 얼마나 되던가.

박 하와이는 바로 태평양 가운데 있는 여러 섬이 모여 한 나라를 이룬 것으로, 오키나와나 우리나라 제주와 비교해보면 많이 크지 않을 것 같습니다. 신이 미국으로 갈 때에 배가 그 경계에 닿았으나 밤이 깊어서 육지에 내리지 못하여 자세히 보지 못했습니다. 그런데 항구와 수도는 매우 퇴락해 있었습니다. 40년 전에 천연두가 유행하여 사람들이 많이 죽었기 때문에 근래에 구라파, 아시아 각 주의 백성들을 모집하여 겨우 모양을 갖추었다고 합니다.

고종 　하와이는 한 개의 섬나라인데 미국과 영국이 그전에 서로 분쟁한 일이 있었다고 하니 무슨 까닭이었는가.

박 　영국에서 하와이를 강제 병합하려고 하므로 하와이는 그 침략에 견딜 수 없어 미국에 속하기를 원했으니 그것은 대체로 영토가 가깝기 때문이었을 것입니다. 그러나 미국은 본래 남의 땅에 욕심이 없었기 때문에 속국이 되겠다는 그 나라의 소원을 승인하지 않고 그대로 자주 독립하게 하여 지금까지 보호하고 있습니다.

고종 　우리나라에 주재하는 미국공사 딘스모어Dinsmore는 이미 면직되었고, 새로 임명된 공사도 곧 그만두려고 한다는데 무슨 까닭인지 모르겠다. 그리고 딘스모어의 말을 들어보면 우리나라에서 새 공사를 파견한 후에 미국의 새 공사도 파견되어 온다고 하는데 과연 그런가.

박 　미국은 자체의 실력을 기르는 데만 힘쓰고, 외교는 부차적인 일로 여기기 때문에 사신으로 나가는 사람들의 봉급이 서양 여러 나라들에 비하여 좀 적습니다. 혹시 원하지 않는 사람도 있습니다. 민주국가이기 때문에 사람들이 각각 자유로운 권리를 가지고 있는 만큼 정부에서 강요할 수 없습니다. 우리나라에 새 공사를 파견하는 문제에 대해서는 딘스모어의 말이 이상할 것이 없습니다. 어느 나라를 막론하고 다른 나라에 사신을 내보내는 것은 다른 나라의 사신이 자기 나라에 와서 주재하기를 원하기 때문이며, 또 등급이 높은 관리를 원하는 것은 다른 나라가 자기 나라를 우대하기를 요구하기 때문입니다. 이것은 물론 요즘 각국 외교의 일반적인 추세입니다.

고종   다른 나라에 오가면서 오늘에 이르기까지 노고는 비록 많았지만 각 국 사람들의 말을 들을 때마다 사신의 임무를 잘 처리했다고 하니 이것은 다행한 일이다.

박   사신으로 가는 의리가 중한데 어떻게 감히 노고에 대하여 말하겠습니까? 학식이 부족하여 자연 잘못하는 일이 많았으니 황송하여 아뢸 바가 없습니다.

고종은 청나라의 압력 때문에 박정양에게는 벼슬을 내릴 수 없었으나, 이상재에게는 노고를 치하하며 지방관의 벼슬을 내리고자 하였다. 이상재는 공사가 죄를 추궁받는 마당에 공사를 모신 자신이 홀로 영광된 벼슬자리에 나아가는 것은 도리가 아니라며 사양을 하였다. 고종은 이상재의 아랫사람으로서의 처신에 감탄하며 그를 눈여겨보았다.

한편 이 자리에 동행한 이상재는 개화된 나라와 지역의 여러 모습을 묻고 듣는 것을 보며, 안정되고 부유한 국가를 건설하고 싶어 하는 고종의 마음을 읽을 수 있었다. 그리고 고종의 열망을 보며 왕에 대한 믿음과 충성을 마음에 새겼다. 이후 고종에 대한 의리와 충성은 이상재의 관직생활뿐만 아니라 사회운동에서 중요한 하나의 동인이 되었다.

『별건곤』에 담긴 미국 생활

40여 년이 지난 후에 이상재는 주미 외교관으로서의 경험을 『별건곤』

이라는 잡지에 「상투에 갓 쓰고 미국에 공사 간 이야기」라는 글을 써 당시를 회고했다. 벙어리 외교였으나 평판은 좋았다며, 여러 가지 일화를 소개하였다.

상투 튼 공사 일행

이전에 조선에서 중국이나 일본에 외교 사절이 가면, 일행이 수백여 명에 달하고 그 의장 행렬이 몇십 리에 걸쳐 그 위용이 놀라웠고, 비용도 많이 들었다. 우리가 미국에 갈 때는 모두 18명이었는데 공사 외에 서기관으로 나와 이하영·이완용 씨였다.

지금은 우리도 머리를 모두 자르고, 아무리 완고한 사람이라도 외국 관광단에 일단 뽑히면 자연스럽게 머리를 자르고 양복을 입어야 될 줄 알지만, 그때 우리 일행은 상투가 그대로 있었고, 의복도 조선 관복을 입었다. 마치 과거에 조선 사절단이 외국에 갈 때와 똑같은 복장이었다. 지금와서 옛일을 생각하니 실로 세상이 많이 바뀐 감이 없지 않다.

도처에 흔날리는 태극기

상투를 튼 공사 일행인 우리가 떠날 때에 공사관에 게양할 조선 국기를 미리 준비한 것은 물론이고, 우리가 타고 가는 배에도 국기를 내걸었다. 눈치 빠른 선주는 벌써 태극기를 준비하여 식당이나 출입문에 게양하고 또 미국에 상륙할 때에도 부두·정류장·자동차·호텔 등에 태극기를 게양하여 환영의 뜻을 표현하였다. 여기저기서 태극기를 볼 때마다 반갑고, 또 미국의 외교술이 발달한 것에도 감탄하였다.

길가의 미국인들은 중국인으로 짐작

그때에도 중국 사람은 30만여 명이나 미국에 있어, 동양 사람이 가면 처음 보는 미국 사람들은 당연히 중국 사람으로 알았다. 그중에도 우리 일행은 모두 상투를 틀고, 의복이 중국 옷과 비슷하여, 길가의 미국 사람들은 우리를 중국 사람으로 알고 떼를 지어 쫓아다니며 "차이나, 차이나"라고 놀렸다.

공사를 보고 여자로 대접

가장 우스운 것은 미국의 시골 사람들은 감히 우리를 보고 동양의 어떤 나라의 여자라고 하는 것이었다. 왜냐하면 미국의 여자는 흔히 실내에서 모자를 쓰고 있고, 옷도 사치스러운 비단옷을 입으며, 머리도 간혹 수염처럼 기르는 여자가 있다. 우리 일행이 모두 수염이 별로 없어 털이 없고, 실내에서 갓을 쓰고, 좋은 비단옷을 입고, 관복이 울긋불긋한 색깔이라 여자 옷처럼 보였기 때문이다. 그래서 우리를 접대할 때에도 예의범절을 마치 자기나라의 부인을 대하는 것과 같이 하였다. 지금 생각하니 참으로 웃기는 일이 많았다.

연회장의 특색

당시 미국에 주재하는 외국의 공사는 모두 41개국이었다. 연회장에 모이면 대개는 양복을 입고 단발을 하고 있었다. 그러나 중국 사람은 돼지 꽁지 머리에다 마래기 모자를 쓰고 긴 옷을 입었고, 터키 사람은 상첨 모자를 써, 조선 사람과 함께 세 나라 사람들은 눈에 띄었다. 이중에서도 특

히 조선 사람은 머리 위의 상투와 찬란하고 요란한 색깔 옷으로 확연히
눈에 띄었다.

엉뚱한 중국 공사

대륙 기질의 중국인은 누구나 교제하기 어렵다고 세계에 정평이 나 있
다. 하지만 조선과는 옛날부터 정치적 관계가 복잡한 까닭으로 국제적
교섭에서 곤란한 일이 많았다. 중국은 항상 조선의 내치와 외교는 조선
이 자주적으로 한다는 말을 세계에 공언했다. 그렇지만 내심으로는 자국
의 속국으로 생각하고, 또 자존자대의 사상이 많아 조선이 외국과 직접
교류하는 것을 좋지 않게 생각하였다. 그래서 조선에서 최초로 외국에
공사를 파견할 때에도 여러 가지의 방해를 하여 곤란이 이만저만이 아
니었다. 또 공사가 미국에 간 뒤에도 중국 공사는 조선 사신에게 요구하
기를 외국 공사와 교류할 때에는 자기와 먼저 의논한 후 교제를 하고, 또
미국 외무성을 방문하는 경우에도 자기의 안내로 하라고 강압조로 말하
였다.
그러나 박정양 공사는 그의 무리함을 단연히 거절하고 당당히 단독으로
교류를 하였는데, 중국 공사는 항상 조선 공사에 대하여 불평 불만의 기
색을 가지고 있었다.

중국 공사의 낭패

당시 미국에 거주하던 한 중국인이 미국인의 집에 고용되어 일하다 주인
가족 7~8명을 죽이고 재산을 빼앗아 달아난 사건이 일어났다. 미국의

여론이 들끓고, 재미 중국인 배척운동이 일어나 중국과 미국의 외교문제로 비화되었다. 그러던 어느 날 박정양 공사가 미국 외무성을 방문하였는데, 응접실에 이미 중국 공사가 와서 명함을 드리고 미국 외무성 대신을 면회하려고 기다리고 있었다. 박정양 공사 역시 명함을 드리고 면회를 신청하였는데, 먼저 온 중국 공사보다 조선 공사를 불러 오랜 시간 동안 담화를 하고 있었다. 응접실에서 기다리던 중국 공사가 다시 면회를 재촉하니, 미국 측에서는 지금 조선 공사와 면회 중이니 다음에 방문하라고 문전박대를 하였다. 중국 공사는 모욕감을 느꼈으나 어찌하지 못하고 돌아갔다. 중국인 배척 문제로 미국의 감정이 좋지 못한 탓으로, 중국 공사를 모욕하고 또 조선과 새로 국제적 관심을 사고자 함이었다.

미국 신문의 기이한 악선전

미국과 중국인 사이의 감정이 좋지 못한 까닭에 미국의 어떤 신문은 중국인에 대해 나쁜 선전을 하기 위해 근거 없는 허위기사를 많이 실었다. 예를 들어, "조선 공사와 중국 공사가 자전거 경주를 하는데, 중국 공사는 얼마 못 가 떨어졌다"거나, "중국 공사는 길에서 미국 여자의 손을 먼저 잡았다" 하는 것들이다. 그러나 그것은 완전히 거짓말이다. 박정양 공사는 원래 점잖은 사람으로, 중국 공사와 자전거를 같이 만져 본 일도 없다. 장음환張蔭煥 중국 공사 역시 당당하고 젊은 인물로 교제와 수완이 상당하여 결코 외국인에게 실례될 일을 할 사람이 아님은 물론이다.

반벙어리 교류

지금은 미국 유학생도 많고, 영어 잘하는 사람도 많지만, 그때는 영어 잘하는 사람이 매우 귀했다. 번역관도 실은 겨우 외무아문에서 1년 남짓 공부한 사람으로, 간신이 쉬운 말이나 할 정도였다. 미국인과 국제 교류를 할 때에는 조선에 와서 의사 노릇을 한 미국인이 함께 통역을 하였는데, 거꾸로 조선어가 충분하지 않았다. 교제할 때면 미국 반벙어리와 조선 반벙어리가 서로 절충하여 의사를 소통하였다. 그래서 웃지 못할 일도 많았다.

이후 박정양은 미국에서 약 1년간 체류하며 미국에 대해 조사하고 또 보고 들은 것을 1889년 『미속습유』라는 책으로 엮어냈다. 『미속습유』는 미국의 지리와 역사에 대한 개요서로서 지형, 독립과정, 민병대, 정부 각 부서, 도로 교통 등의 산업 현황, 교육 및 문화 시설 등 미국의 전반적인 상황을 소개하고 있다. 뒷날 이상재가 갑오개혁시 학부에 참사관으로 재직하면서 『고등소학』이라는 교재를 만들 때 『미속습유』 책의 한 부분을 싣기도 하였다.

교육 부분을 맡아

주미 외교단의 일행으로 미국에서 돌아왔을 때 국내에서는 전국 여기
저기서 민란이 일어나기 시작했다. 박정양은 주미공사 일로 문책을 당
하여 집에서 머물고 있었다. 그러던 중 부인이 1892년 1월 병으로 죽자
더욱 슬픔과 침체에 빠졌다. 하지만 다음 해 가을 인동 장씨와 재혼하여
겨우 집안을 추스르고 있었다. 이상재는 고종의 관직 하사를 사양하고
고향 한산을 왔다 갔다 하면서, 박정양의 애경사를 돌봐주고 있었다.

　1894년 아버지마저 고향에서 세상을 떠났다. 아버지가 돌아가시자
이상재는 만감이 교차하였다. 과거에 낙방하고, 상심해서 농사를 짓겠
다고 했을 때 아버지는 말없이 있다가 서울로 올라가는 것을 주선해주
었다. 장남이 고향을 떠나 집안을 돌보지 않고, 박정양의 사가에서 오랫
동안 일하는 것을 묵묵히 지켜보았다. 신사유람단의 수행원이 되어 일
본으로, 우정국의 인천 분국장이 되어 인천으로, 미국 공사의 서기관이

되어 미국으로 가는 등, 안정적인 관직으로 나아가지 못하고 여기저기 다녀도 자랑스럽게 여겼다. 이상재가 자신이 자식의 장성과 앞날 걱정에 잠 못 이루었듯이 아버지도 자식 걱정에 마음고생을 했을 거라고 생각하자 가슴이 아팠다.

이상재는 아버지의 장례를 정성스럽게 하려는데 한 무리의 사람들이 떼를 지어와 이상재를 죽이겠다며 협박하였다. 그리고 할아버지와 아버지의 묘를 이장하라며 선산 땅의 소유를 주장하고 나섰다. 이상재는 낙심하였다. 청일전쟁의 여파로 서울의 정국도 시끄럽기 그지없는데, 무엇이든 힘으로 해결하려는 세태가 한심하였다. 자신을 끌고 가서 죽이겠다고 위협하는 사람들에게 이상재는 당당하게 호통을 쳐서 돌려보냈다. 아래위를 불문하고 어지러운 세상에서 이상재는 위로부터 아래까지 사람들의 정신을 새롭게 하고, 세상을 바꾸지 않으면 안 될 것 같은 위기감을 다시 한 번 느꼈다.

아버지의 장례를 치르고 이상재는 바로 서울로 올라왔다. 마침 조선 정부는 일본의 내정개혁 압력에 못 이겨 내각을 새로 구성하고 개혁을 추진하고자 하였다. 나라 곳곳에서 청과 일본이 대결한 청일전쟁에서 번번이 일본이 이기자, 일본 군대가 왕궁을 포위하고 대원군을 앞세워 민씨 일파를 내쫓았다. 그리고 친일적인 성향의 개화파 김홍집을 중심으로 하는 내각을 수립하여 강력한 국정 개혁을 하도록 요구했다. 1894년 7월부터 들어선 김홍집 내각은 군국기무처를 설치하여, 정부조직을 8개의 아문으로 개편하고, 은본위제와 조세의 금납화를 실시하고, 도량형을 일본식으로 개편하는 등의 조치를 3개월 동안 무려 208건이나 결정하였다. 그중에는 노비 매매를 금지하고, 연좌제를 폐지하며, 조혼을 금지하고, 과부의 재혼을 허용하는 등의 신분제도 개혁도 있었다. 바로 갑오개혁이 시작된 것이다.

이상재는 박정양이 새로 개편된 정부조직에서 교육을 담당하는 학무아문의 대신으로 임명됨에 따라 학무아문의 참의가 되었다. 1895년 3월 다시 정부조직이 개편되어 학무아문의 이름이 학부로 바뀌었다. 1895년 3월 25일 학부 관제가 발표되었는데, 학부에는 학무국과 편집국을 두고 관상소도 학부 소속으로 하였다. 그리고 1895년 4월 1일부로 각 조직에 임명을 하였는데, 학부대신에는 박정양이 유임을 하고, 학부 협판에는 고영희를, 학무국장에는 이응익을, 편집국장에는 이경식을 임명하였다. 이상재는 조병건·홍우관과 함께 편집국의 참서관으로 임명되었다. 1896년 2월 내각 총서로 옮겨가기 전까지 약 1년간 교육 부분에서 일하였는데, 갑오개혁 당시 이상재의 교육행정가로서 면모는 새롭게 평가되어야 할 것이다.

이상재는 학무아문의 참의와 학부의 참서관으로 근무하면서 「교육입국조서」를 발표하고, 한성사범학교 관제, 외국어학교 관제, 법관양성소 관제 등을 만들어 학교를 설립하고, 114명의 양반 출신 유학생을 선발하여 일본에 파견하는 등의 일을 하였다. 일본으로 유학생을 선발하여 파견하는 일로, 그사이 이완용을 따라 다시 한 번 일본을 다녀오기도 했다. 유학생들이 일본에서 다닐 학교와 머물 곳 등을 주선하고, 생활 편의들도 꼼꼼하게 챙겼다. 관비유학생들은 갑오개혁의 조치들을 정착시키고 나라를 이끌어 나갈 인재들이라 특별히 애정을 기울였다. 또 둘째 아들 승인이 황해도 수안군수가 되어 군립으로 진명학교를 설립하는 등 개혁적인 지방 행정을 펼치려 하자 격려의 글을 지어 보냈다. 이 글을 보면 교육입국조서에 천명된 덕육·체육·지육의 삼육교육이 교육의 본지라는 사상이 이상재의 생각에 그대로 스며들어 있음을 볼 수 있다.

수안군 군립 진명학교 서

아름다운 집을 세우는 자는 반드시 먼저 그 터를 단단히 하고, 좋은 열매를 바라는 자는 반드시 먼저 그 뿌리를 북돋아 주어야 한다. 나라를 다스리는 것 또한 그러하여 진실로 먼저 그 뿌리를 북돋아 주고 그 터전을 튼튼히 하지 않으면 아름다운 집이 이루어지거나 좋은 열매를 거두기는 어렵다. 대체로 나라의 뿌리와 터전은 무엇인가? 그것은 곧 인민이다. 장차 어떻게 튼튼히 하고 북돋아 주어야 하는가? 그것은 바로 교육이다. 그러므로 세계 열강의 흥망성쇠를 보려면 반드시 교육을 보면 알 수 있는데, 잘한 자는 흥하고 성할 것이요, 잘못한 자는 쇠하고 망하는 것이 이치이다. 교육의 방법은 대개 세 가지로 강령이 있으니, 덕과 지와 체이다. 몸을 길러 그 근골을 장건하게 하고, 지혜를 길러 그 지식을 발달시키고, 덕을 길러 그 심지를 순정하게 해주어야 하니, 여기에서 한 가지만 빠져도 바람직한 것이라 할 수 없다. 대개 국가의 문명, 부강, 독립, 자주 등은 모두 이 세 가지에서 나오는 것이다.

이제 우리 황제께서는 특별히 윤음을 내려 교육이 국가의 가장 큰 급선무임을 밝혀 교육을 부지런히 장려하니 참으로 아름다운 일이다. 수안군은 궁벽한 고을이지만, 선비와 백성들이 힘을 모아 재물을 거두어 군수에게 의논하게 되었으니, 군수는 이승인으로서 뜻이 있는 사람이다. 옛날의 훈련청을 수리해서 학교를 세우니, 이름하여 진명이라 하였다. 이 지역이 은진산과 월명산 사이에 있어 두 산의 이름에서 따온 것으로, 수백 명을 수용할 수가 있다.

오직 바라건대 총명하고 준걸스러운 여러 학생들은 열심히 학업을 탐구하고 문명한 새 기운을 흡취해서 사람마다 모두 진진 명명한 지경에 도달한다면, 어찌 교육이 부족함을 근심할 것이며, 또 나라가 쇠망하는 것을 바꿀 수 있을 것이다. 앞서 말한 아름다운 집과 좋은 열매가 반드시 여기에 터전을 삼고 뿌리내릴 것이다. 내 직책이 학무에 관련되어 나에게 글을 부탁하니 사양할 수가 없어 몇 마디를 지어 학업을 권면하는 뜻을 표하는 바이니 제군들은 힘쓸지어다.

김홍집이 물러나고 박정양이 학부대신에서 내각수반이 되자 교육개혁 업무는 더욱 속도를 더했다. 「소학교령」을 만들어 발표하고, 1895년 서울 소재 관립 소학교의 개교를 목표로 교과서를 만들고, 교사를 초빙하는 일 등으로 학부 관료로서 이상재는 바쁜 나날을 보냈다.

새로 만드는 관립 사범학교와 소학교 교사를 위한 교육서를 편찬하기 위해 외부대신을 통해 일본 주재 대사관에게 일본심상사범학교와 고등사범학교의 교과서 및 참고서를 한 부씩 구하여 보내달라고 부탁하기도 하였다. 그렇게 구한 일본의 고등소학 책자를 참고하여 『국민소학독본』이라는 책도 만들었다. 일본의 것을 참고하되 상황에 맞게 새로운 부분도 넣었다. 미국에서 체류한 경험을 바탕으로 쓴 박정양 미국 공사의 시찰기인 『미속습유』의 일부분도 교재 속에 첨가하여 세상을 보는 고른 눈을 갖도록 하였다.

일본에 대해 경각심을 가지다

한창 근대적인 교육제도의 기틀을 마련하느라 바쁜 나날을 보내고 있을 때 놀라운 일이 벌어졌다. 1895년 10월 8일 서울 한복판에서 한 나라의 왕비가 외국 군대에 의해 시해되는 사건이 일어났다. 이상재는 일본의 힘을 빌려 항구를 열어 외국과 문물 교류와 통상을 확대하고, 밖으로 외교사절을 보내 조선의 독립국으로서 지위를 확고히 하고, 안으로는 국정개혁을 통해 부강한 나라를 만들고자 하는 개화파의 노력에 동조하고 있었다. 그런데 자칫하다가는 외국 군대에 의해 왕의 목숨이 빼앗길 수 있음을 실감하게 되었다. 이상재를 비롯하여 개화파 인사들 사이에 일본이라는 외세의 힘과 일본에 기댄 세력들을 조심해야 한다는 경각심이 뿌리내리기 시작했다. 단발령이나 군제 개혁 등의 급진적인 개혁이 뜻하지 않는 방향으로 흐르고, 마침내는 민심을 분열시키고 어지럽히는 계기로 작용하기도 하였다.

이상재는 일본에 대한 경각심을 더욱 깊게 가지게 되었다. 그러던 중 일본 시찰과 미국 체류 경험 덕분인지 1895년 12월 1일부터는 새로 설립된 관립외국어학교의 교장도 겸직하게 되었다. 미국에 체류하면서 언어 문제로 '반벙어리 외교'를 할 수밖에 없었던 경험을 토대로, 여러 나라와 교류 업무를 수행할 외국어에 능통한 인재를 기르고자 하였다. 그래서 교사 초빙에 심혈을 기울였다. 그런데 관립외국어학교를 설립하고 교사를 초빙할 때 일본 공사 이노우에 가오루井上馨는 외국어 학교의 외국인 교사는 모두 일본인으로 모셔야 한다고 주장하였다. 학부대신 박정양도, 협판 고영희도 이노우에의 요구를 어쩔 수 없다며 수용할 뜻을 내비치었다. 하지만 이상재는 이 일이 매우 부당하니 거절해야 한다고 주장하였다. 만약 외국어 교사로 일본인만 초빙한다면 관립외국어학교 설립이 무의미하다고 보고, 일본인 교사 초빙 건에 대한 계약을 파기해야 한다고 주장했다. 대신과 협판이 이미 진행된 계약의 해약을 머뭇거리자 이상재가 직접 나서서 해결하기로 하였다. 이상재는 혼자서 당당히 일본공사관으로 가서 이노우에와의 면담을 요청하였다. 면담이 이루어지지 않자, 다음 날 다시 찾아가 "일본어 교사는 일본인으로 초빙하는 것은 당연하다. 일본인 중에서도 불어·독어·러시아어 ·중국어에 능통한 사람이 많다는 것은 부러운 일이다. 그러나 독일 사람이 아무리 일본어를 잘한다고 해도 일본인이 일본어를 가르치는 것보다는 부족함이 많지 않겠는가? 독일어를 가르칠 교사를 독일인이 아니라 반드시 일본인으로만 채용하라는 것은 억지가 아닌가?"라며 이노우에의 의견을 따를 수 없다고 전했다. 화가 난 이노우에는 다음 날 학부로 찾아와 대신과 협판에게 이상재의 무리함을 들어 큰소리를 쳤다. 이상재는 이에 굴복하지 않고 이노우에의 처사를 차근차근 반박하니 결국 이노우에는 물러설 수밖에 없었다. 그리하여 관립외국어학교의 외국어 교사는 해당 나라의 사람으로 초빙하기로 결정하였다.

이상재의 노력 덕분에 관립외국어학교는 중국어·영어·러시아어·

불어·독어·일어의 6개국 언어를 가르치는 학교로 출발했다. 관립외국어학교 졸업생 윤태헌은 1932년 잡지 『삼천리』에 관립외국어학교의 설립과 운영에 대하여 다음과 같이 자부심에 가득 차서 회고하였다.

관립외국어학교는 새로 깨어 일어나던 그때 우리 사회에서, 여러 선진 서구 각국의 문화를 흡수하는 한편 조선 문화를 널리 세계에 알려, 크게 개국 진취하자는 대정신 아래서 설립된 것으로, 가장 처음 창설된 것이 관립영어학교였습니다.

내가 공부한 곳은 여섯 학교 중에서 영어학교였습니다. 제1회 입학생이었지요. 그때 외국어 학교는 처음에는 서울 수송동에 있었고 다음에 옛날 사역원 터로 옮겼습니다. 당시 학교의 교장은 이상재 선생님이었으며, 교사 여러분들의 명성은 쟁쟁하였습니다. 홍기모·권유섭·김필희 선생님이 계셨으며, 특이하게 외국인 교사로 영국인인 허치슨 여사가 계셨습니다.

당시 조선 사회에는 외국 숭배열이 대단하여서 외국어 학교를 지원하는 청년 학생이 날로 늘어났습니다. 지금은 학교를 졸업해도 취직할 자리가 없어 쩔쩔 매지만 그때는 외무부나 각국 영사관이나 학교 교원 등으로 나가기 대단히 쉬워서 재학 중에 벌써 취직이 결정되었습니다.

입학식은 오늘날과 같이 성대하지는 못했지만, 의의는 깊었습니다. 입학식 때마다 학부대신이 행차하여 청년 학생을 격려하는 훈시를 하였습니다. 학생들은 모두 활발하고 기운이 넘쳤습니다. 제가 학교 다닐 때에도 두 번이나 임금님 앞에 나가서 군대식 체조를 하였습니다. 체조가 끝나

고종이 파천한 러시아공사관

면 매우 기뻐하시면서 먹을 것을 내리셨습니다. 졸업식에는 매년 학부대
신과 학무국장이 학교로 와서 훈화 등을 하였습니다.

일본의 간섭과 압박에도 이상재는 자주적인 개화가 이루어지도록 노
력하였고, 일본의 힘에 과도하게 의존하는 것을 가장 경계하였다.
명성황후 시해사건으로 일본에 두려움을 갖게 된 고종은 일본 군대를
피해 1896년 2월 11일 러시아공사관으로 몸을 피신하였다. 이러한 아
관파천 이후 고종은 친일세력을 멀리하고 친미 혹은 친러 세력을 신뢰
하며 그들에게 요직을 주었다. 박정양의 중용과 함께 이상재도 1896년
2월 14일부터 내각 개편에서 종2품의 내각 총서를 맡게 되었다.
갑오개혁을 주도하였던 김홍집과 어윤중이 잡혀 죽임을 당하고 유길

준도 일본으로 망명하였다. 아관파천 이후 고종은 혼란한 민심을 수습하고자 전국 유림의 극렬한 반대에 부딪혔던 단발령의 실시를 보류하였다. 포고문을 내려 동학농민혁명, 청일전쟁 전후로 끊이지 않던 전국 각지의 의병들의 분노도 달래고자 하였다. 세금을 낮추기도 하였다. 하지만 갑오개혁 사업의 추진은 점차 흐지부지되어 갔다. 이상재는 이런 일들을 내각 총서로서 관여했다.

충언과 직설로 임금을 섬기는 신하

관료로서의 생활에 충실할 뿐만 아니라 정동구락부에 출입하면서 개화파 인사나 외국인 선교사들과의 사교적인 모임에도 열심히 나갔다. 민간인과 관료들이 합심하여 독립협회를 만들 때에도 적극 참여하였다. 그러면서 중추원 1등 의관을 거쳐 의정부 총무국장으로 관직이 높아졌다.

의정부 총무국장은 왕에게 올리는 상소문을 검증하는 막중한 자리일 뿐만 아니라 왕의 명령을 아래로 전달하여 시행하게 하는 연결고리 역할을 하는 자리이기도 하였다. 따라서 유혹도 많은 자리였으나, 이상재의 부정 및 불의와 타협할 줄 모르는 올곧은 성품은 여기서 오히려 장점으로 발휘되었다.

어느 날 러시아공사관에 있는 임금 앞에 나아가니, 보지 못한 상소문들이 책상에 수북히 쌓여 있었다. 상소문이 올라오면 일차적으로 총무국장 이상재가 검토하여 왕에게 올리는데, 신하들이 임금을 뵐 기회를 엿보아 직접 상소문들을 올려 놓고 가는 것이었다. 그날도 대신들이 쭉

뻣거리며 상소문을 올렸다. 이상재는 상소문을 모조리 들고 임금이 보는 앞에서 화로 속에 집어넣어 버렸다. 고종이 왕궁을 떠나 러시아공사관으로 옮겨와 궁색하게 있는 형편에, 나라의 장래보다는 개인의 관직과 이권을 청탁하는 상소문이나 올리는 신하들에게 보란 듯이 불태워 버린 것이다. 왕도 그제야 이상재의 속뜻을 알아채리고 상소 읽기에 머리가 아팠는데 시원하다며 오히려 이상재를 격려하였다.

　그때 이용익이라는 사람이 있었는데, 개인적인 영달을 위해 관직에 욕심이 많았다. 어느 날 이용익이 이상재에게 다가와 걱정하는 투로 은근히 말하였다.

　"국장, 몸이 매우 야위었소이다. 너무 과로하는 것은 아닌지요? 임금님을 모시기가 여간 어렵지 않나 봅니다."

　"걱정은 고맙소이다. 임금님이 곤궁에 처해 있는데 제 몸이야……."

　다음 날 이용익은 다시 이상재에게 다가와 무엇을 건네며 말하였다.

　"내, 어디서 몸에 좋은 것을 힘들게 구했는데, 공이 생각나더이다."

　"이것이 무엇이오?"

　"귀한 것이라오."

　"모양은 도라지처럼 생긴 것 같은데, 혹시 잘못 먹으면 사람 잡는 것 아니오?"

　실없는 사람처럼 농담으로 대구하자 이용익은 슬그머니 도로 집어넣으며 자리를 피했다. 한 달여쯤 지나자 임금이 이용익을 평안남도 관찰사로 임명하였다. 그러면서 개성 참정 감독관을 겸직하도록 명령을 내렸다. 이상재는 이용익이 내각에 들어올 때까지 기다리며 왕의 명령을 공식적으로 발표하지 않고 있었다.

드디어 이용익이 나타나자 이상재가 물었다

"평양에서 개성까지 거리가 얼마지요?

"약 400리 정도 될 거요."

"공은 축지법을 쓰시나 봅니다."

"아니 그게 무슨 소리요?"

"400리를 오가며 관찰사와 참정 감독관을 함께 한다니 말입니다."

이용익이 아무 말이 없자, 옆자리의 내부대신과 탁지부대신에게 여쭈었다.

"두 자리를 겸직하라고 한 뜻이 무엇일까요?"

아무도 말을 못하고 있었다. 이상재는 일은 뒷전이고 자리만 욕심내는 이용익에게 조롱하는 의미로 말했다.

"둘 다 영광된 자리입니다만 이 자리, 저 자리 걸어다니시느라 참 힘들겠소이다."

결국 평안남도 관찰사는 교체되었다. 이상재는 왕의 명령이라도 부당하다고 생각되면 그 명령의 시행을 보류함으로써 바로 설 기회를 마련하고자 하였다. 결코 자리에 연연하거나 목숨을 구걸하지 않았다. 고종이 폐지된 전운사를 다시 설치하고자 할 때 이상재는 전운사 관제를 반포하지 않고 끝끝내 버텼다.

당시 나라 살림이 어려운 가운데, 백동전이라는 화폐가 너무 많이 발행되어 물가가 오르자, 신하들이 전운사를 다시 설치하도록 고종을 설득하였다. 전운사는 한강 이남 지역의 세금을 곡물이나 현물로 거두어

실어 나르는 기관으로, 민폐가 너무 심하여 백성들을 괴롭히는 대표적인 제도로 갑오개혁 때 폐지되었다. 이상재는 전운사 관제를 반포하여 이 제도를 다시 부활시키는 것은 임금과 민생을 모두 괴롭히는 나쁜 일이라고 여기고 반포를 하루 이틀 미루고 있었다.

전운사 관제가 반포되지 않자 어느 날 고종이 탁지부대신을 불러 사정을 물었다. 그러자 탁지부대신은 전운사 관제를 만들어, 총무국에 보낸 지 서너 달이 지났는데 총무국장 이상재가 반포를 미루고 있다고 일러바쳤다. 고종은 크게 화내며 당장 반포할 것을 명령하였다. 그러나 이상재는 아랑곳하지 않고 반포를 미루었다. 오히려 당장 반포하라는 명령을 전달하는 탁지부대신에게 "대감, 전운사 때문에 아래 지방의 백성이 거의 초죽음이 되지 않았소? 동학의 난도 이 때문에 일어났고, 청일전쟁과 을미사변으로 이어지지 않았소? 또 다시 잘못을 반복하는 것은 이 자리에서 죽어도 할 짓이 못되오"라고 반박하였다. 당황한 탁지부대신과 참정은 얼굴빛이 흙빛이 되었다. 임금에게 다시 아뢰니, 고종은 "이상재의 목에는 칼이 들어가지 않느냐"라며 화를 내었고, 신하들은 어찌할 바를 몰랐다.

이상재에게는 "국장, 어떻게 일을 이렇게 처리하시오? 임금이 진노하시고, 궐내가 이리 들끓는데, 우리더러 어떻게 하란 말이오?"라며 나무랐다. 그리고 한편으로 왕의 화를 진정시켜 죽음만은 면하게 해볼 요량으로, 이상재의 생각과 행동을 변명하며 선처를 간절하게 청했다. 마침내 고종은 마음을 돌려 전운사 관제 반포를 중지하도록 명령하고, 오히려 이상재의 충성스런 마음을 칭찬하였다. 이 말을 전해들은 이상재는 "이토록 왕의 밝음과 어짐이 대단한데, 신하들이 잘못 보필하여 나라가 이지경이 되었구나"라며 땅을 치고 한탄하며 눈물을 흘렸다. 이처럼 이상재는 목숨을 걸고 충언과 직설로 임금을 보필하는 어지러운 세상에서 보기 힘든 신하였다.

조정을 비판하다

고종이 1년여간의 러시아공사관 생활을 접고, 1897년 2월 20일 경운궁으로 환궁하였다. 충성과 열의를 다해 일했으나 아관파천을 전후로 이상재는 고종의 주변 사람들과 정책에 의문을 가지고 새로운 희망의 가능성을 찾고자 하였다. 관료들이 점차 독립협회에서 몸을 빼는 판국에 이상재는 더욱 독립협회 활동에 열성적으로 참여하였다.

고종도 처음에는 독립협회의 활동에 대해 우호적이었다. 환궁한 고종은 대한제국을 선포하고 스스로 황제의 자리에 올랐다. 황권을 확보하는 등 부강한 독립국임을 널리 알리고자 하였다. 그런데 독립협회가 황권의 보호에 적극적이지 않다는 것을 알고 관료의 독립협회 참가를 탐탁치 않게 생각했다. 그리고 우선적으로 황권 강화에 도움이 되는 세력들을 가까이 하였다. 그러나 당시 세상은 점차 황권보다는 국권 수호에 강조점이 주어졌고, 국권 수호를 위해서는 민권이 강해져야 한다는 생각이 널리 퍼졌다. 외국과의 교류에서 독립된 주권을 강조하고, 나라의 부강을 위해서는 기본적으로 교육을 통해 백성을 계몽하고 실업을 강조하여 백성이 부유해져야 한다는 사상이 강해졌다. 따라서 제도의 개혁도 민권과 민생을 강화하는 방향으로 이루어져야 한다고 주장하며, 이를 위한 운동이 전개되었다.

이상재는 구미 여러 나라와 조약을 맺어 교류가 활발해지면서 나라의 각종 이권을 빼앗기고 토지가 강탈되어 백성의 삶이 어려워지는 것을 몹시 안타까워하였다. 특히 아관파천 이후 러시아와 친러 세력의 사사로운 축재와 권력의 부정한 독점을 개탄하였다. 의정부 총무국장임에도 불구하고 만민공동회에 참여하여 조정의 시책들을 비판했다.

이상재는 1898년 7월 14일 왕에게 상소를 올려 올바른 시무의 방안에 대한 건의하면서, 동시에 의정부 총무국장직을 사직하겠노라고 밝혔다.

내각 총무국장을 사퇴하는 상소를 올립니다.

신은 곧 정부의 일개 관료입니다. 그 직책은 법제를 맡아 거행하는 것으로, 상관의 지휘 명령을 받아 실행하는 일입니다. 저는 원래 성격이 남의 아래에 있기를 좋아하지 않습니다.

요새 정국 돌아가는 것을 가만히 살펴보면, 조약을 체결한 여러 나라가 서로 눈을 흘겨보고, 총칼과 전함과 대포를 가지고 국경 근처에서 끊임없이 왕래하며, 서로 이익을 다투어 각각 토지를 점령하고 있어, 오래지 않아 전쟁이 일어날 것이 분명합니다. 이런 때에 편안함만 일삼고, 발분할 것을 생각하지 아니하고 있으면, 말로 형언할 수 없는 무궁한 화가 반드시 올 것입니다. 그러므로 오늘날을 어찌 그저 평안한 때라고 하겠습니까. 이것은 어리석은 자뿐만 아니라 어린아이까지도 모두 크게 걱정하는 것입니다.

이러한 까닭으로 며칠 전에 인민들이 모여 공동 협의하고 정부에 대하여 반대 성명서를 보냈는데, 저의 의사도 또한 이와 똑같은지라 가담하였습니다. 이것은 정부 관리로서 정부를 공격하는 행동이니, 신이 어찌 감히 국록을 바라며 이 자리에 편안히 앉아서 마음 가는대로 양 편에 걸쳐 행동한다는 비난을 듣는 잘못을 할 수 있겠습니까.

우러러 바라건대, 황제께서는 이런 사정을 굽어 살피시어, 신의 관직을 거두시고 내보내주어 조정의 체통을 보전하기 바랍니다.

하지만 이상재의 사직 상소는 받아들여지지 않았고, 그 대신 만민공동회 활동으로 말미암아 고종의 명령에 의해 1898년 11월 4일 구금되었다. 독립협회와 만민공동회에서 같이 활동한 정교·남궁억 등 14명이 구속되고, 윤치호 등 3명은 다행히도 잡히는 것을 피할 수 있었다. 이상재 등이 구금되자 이승만·양홍묵 등은 경무청 앞에서 석방을 주장하며 철야 시위를 벌였다. 독립협회 활동에 대한 백성들의 지지에 놀라 고종은 이상재 등을 6일 만에 석방하면서, 만민공동회에서 활동한 사람들을 중추원 의관으로 추천하는 회유책을 제시하여 일을 마무리지었다.

이 일로 이상재는 출근하지 않고 집에서 지내는 등 사실상 총무국장 일을 그만두었다. 공식적으로는 해를 넘겨 1899년 1월 30일 면직되고, 2월 9일에는 징계도 특별히 면제받았다. 늦게 시작한 이상재의 관직 생활도 50세를 마지막으로 끝나는 듯했다. 갑오개혁 시기에 관료로 활동한 약 5년간은 이상재 인생에서 희망에 부풀어 가장 열심히 소신껏 일한 시절이었다. 상관의 명령을 받아 시행하는 보잘 것 없는 자리였으나,

학무 참서관으로서 학교를 세우고, 교과서를 만들고, 교장으로 교사를 초빙하는 등의 세세한 업무부터 새로운 근대교육의 기틀을 세우는 법령을 만들고 교육제도를 정비하였다. 내각 총무국장으로서 전운사 관제 반포를 막고, 이용익 등의 간신이나 모리배가 임금의 총명을 흐리게 하며 전횡하는 것을 막았다. 국권이 위협받는 상황에서 민권을 강화하여 나라를 바로 세우고자 하는 소신으로 왕의 보필하고자 하였다. 그러나 관료로서의 그의 희망이나 소신과 활동은 시대의 흐름을 거스르는 자들에 의해 모함 받아 옥살이로 이어졌고, 끝까지 지키고자 했던 왕에 대한 의리와 충성도 한 발 뒤로 물러나야 했다.

05 시민운동, 민권운동에 눈뜨다

이상재는 외교관으로 미국에 머물다 귀국한 뒤에는 국내에 파견되어 있
는 각국의 공사와 교류할 기회가 많았다. 대표적인 것이 정동구락부였
다. 정동구락부는 원래 정동에 거주하는 미국·영국·프랑스·러시아 등
각국 외국인들의 사교 및 친목단체였다. 1894년 6월 전후에 만들어져,
미국 공사 실Jhon M. Sill, 러시아 공사 베베르K. I. Waever, 프랑스 영사 플랑
시C. D. Plancy, 미국인 고문 다이W. M. Dye, 아펜젤러H. G. Appenzeller 등의 외
국인과 이상재를 비롯한 박정양·이완용·이하영·민영환·민상호·서재
필·윤치호 등의 조선인이 참여하였다. 이들은 정동에 있는 손탁호텔에
서 자주 모였다. 이 모임은 점차 친목과 사교의 차원을 넘어 국제적 정
치단체로 정계에서 성장하였고, 반일적 성격을 지니게 되었다. 이상재
는 정동구락부에 참가하면서 세계 정세의 흐름을 파악하는 안목이 높아
졌고, 서양 문명의 위력을 절감하였다.

친분을 맺고 교류했던 사람들이 주도적으로 1896년 4월 7일 『독립신문』을 창간하여 백성들에게 서양 문명과 세계 정세에 대한 정보를 알려 민지民智를 계발하고자 하였다. 순한글로 발간된 『독립신문』은 변화하는 시세를 일깨우는 동시에 한글에 대한 관심을 촉발시켰다. 이상재는 의정부 내각 총서라는 관료임에도 적극적으로 참여하여 독립협회 위원이 되었다. 독립협회는 조선이 청나라의 속국이 아니라 독립국을 알리기 위해 모금을 하여 청나라 사신을 영접하던 영은문 자리에 독립문을 세웠다. 당시 영은문은 청일전쟁 때 일본군 포화로 허물어져 있는 상태였다. 파리개선문 형태로 세워진 독립문은 현판도 한글로 표기하였다. 그리고 독립협회 회보를 발행하여 회원들 동정과 각종 정보를 제공했다. 또한 구국선언상소문을 고종에게 올리고, 만민공동회를 만들어 토론회를 개최하는 등 2년여간 활발한 활동을 하였다.

서울에서 개최된 독립협회의 공개토론회 및 연설회는 우리나라 공개연설 및 토론회의 시작으로 토론회 개최 자체도 새롭고 신기한 것이었지만, 오랫동안 천시받고 차별받던 신분의 토론자가 나서 열변을 토하자, 사람들은 놀라움을 금치 못하였다.

1898년 가을 종로에서 이상재의 사회로 만민공동회가 열렸다. 윤치호가 기조연설자로 나섰다. 윤치호는 군부대신 윤웅렬의 아들이었음에도 정부 대신 모두를 타도 축출해야 한다고 절규하여 환호와 비난을 동시에 받았다. 다음으로 백정 출신의 박성춘이 연사로 등단하여, "나는 비록 대한제국의 지극히 천한 백성이며 무지하고 지각없는 자이나, 충군애국의 뜻만은 짐작하고 있습니다. 오늘 같은 판국에서 나라를 위하

만민공동회에서 연설하는 이상재

고 백성을 편안하게 하는 방법은 오직 관과 민이 힘을 합쳐 협력해야만
가능하다고 확신합니다"고 연설하자 우레와 같은 박수와 환호가 터져
나왔다. 신분제의 굴레 속에서 신음하던 백성들이 세상의 변화를 실감
하는 역사적인 순간이었다.

  만민공동회의 토론회 및 연설회가 개최된다는 소식이 전해지면 남녀
노소 할 것 없이 나와 포목을 꺼내어 천막을 치고, 여자들은 비녀와 가
락지 등을 뽑아 경비를 지원하였다.

이상재가 나서서 연설할 때는 언제나 "나는 이 밝은 하늘 아래서 나쁜 정부의 죄악을 하나하나 폭로시키기 위해서 먼저 내 갓부터 벗는다"며 먼저 갓을 벗고 시작했다. 이상재의 이런 행동은 박성춘이나 윤치호 못지않게 장안의 이야깃거리가 되어 널리 퍼져나갔다. 하지만 만민공동회에서 이상재는 연설자보다는 주로 사회자로 등장하여 명성을 날렸다. 으레 토론회에는 자기 주장을 강하게 하여 흥분하거나 타인의 의견을 논박하느라 감정적인 충돌이 일어나기 마련인데, 이상재가 사회자로 의연하게 등장하여 한마디 던지면서 토론자와 청중을 사로잡으면 질서가 잡혔다. 이때부터 이상재는 만민공동회의 유명 사회자로 일반 사람에게 이름이 널리 알려졌다.

독립협회에서 처음 선보인 토론회는 신분적인 차별을 넘어서 각자의 의견을 자유롭게 개진하는 장으로, 당시 새로운 사회문화 현상의 하나로 부상하였다. 이러한 분위기는 각급 학교로 파급되어 토론회는 학생들의 중요한 과외활동 중 하나로 채택되기에 이르렀고, 대표적인 사례로 배재학당의 협성회 토론회가 있다.

열정적인 독립협회 활동

독립협회는 황제의 총명을 흐리는 간신들의 횡포를 극복하기 위한 제도적인 방안을 모색하고자 하여 의회설립운동을 전개하면서 1898년 10월 '헌의6조'라는 국정개혁안을 왕에게 제출하였다. '헌의6조'는 만민공동회 토론회를 거쳐 정리한 것으로 이상재가 이 일을 주도적으로 진행하였다. '헌의6조'의 내용은 다음과 같다.

첫째 외국인에게 의존하지 말고 관민이 협력하여 황권을 견고히
　　할 것,

둘째 광산·철도·석탄·삼림과 차관 등 정부의 모든 대외 조약 사무
　　는 각부 대신과 중추원 의장이 합동 날인하여 시행하도록 할 것,

셋째 국가 재정은 탁지부가 총괄하여 다른 부처의 간섭을 막되, 국가
　　의 예산과 결산을 공개할 것,

넷째 모든 죄인은 공판을 통해 벌하되, 피의 사실을 인정한 후에 형
　　벌을 시행할 것,

다섯째 칙임관 등의 고위 관직은 황제가 정부에 자문하여 과반수의
　　찬성을 얻어 임명할 것,

여섯째 현재의 모든 법률에 따라 실행할 것이었다.

이는 독립협회와 만민공동회의 성격과 지향을 보여주는 것으로, 이
상재의 생각도 여기에 모두 담겨 있었다. 이상재는 입법과 사법, 행정이
구분되는 입헌군주제를 도입하여, 여러 가지 생각과 제안이 학식과 재
능으로 선출된 사람들에 의해 논의되는 등의 공개적 절차를 거쳐 결정
되고 집행되게 함으로써, 황제의 부담을 줄이면서 동시에 황제가 사사
로운 측근에 의해 좌지우지되는 것을 막고자 하였다.

고종도 입헌군주제 실시를 핵심으로 하는 개혁안인 '헌의6조'에 동의
하여 중추원 장정 제정, 신문 발행, 상공학교 설립 등의 5개 사안을 더
하여 국정개혁방안으로 발표하였다. 그리고 이상재로 하여금 의회구성
안을 올리게 하고, 독립협회 회원도 의회의 민선의원으로 참여하도록

하였다. 하지만 독립협회와 만민공동회가 주장하는 입헌군주제는 합리적으로 황제의 권한이 행사되도록 하여 황권을 공고히 하는 방안으로 제안되었음에도 오해받기가 쉬웠다.

최초의 모함은 토론회 개최를 이유로 1898년 11월 체포되었다가 6일 만에 석방되는 것으로 해결되었다. 만민공동회의 대표들은 구속의 부당함을 호소하였고, 이어 처음으로 고등재판소에서 공개재판이 이루어졌다. 만민공동회원들이 참관하여 방청했다. 판결로 곤장 40대의 벌을 주어야 한다고 하였으나 전원 무죄로 석방되었다. 이일로 이상재는 의정부 총무국장 자리에서 물러났다.

그러나 독립협회에서 주장한 교육과 실업을 통해 민권을 향상시키고, 의회설립을 통해 합리적인 의사 결정과 집행이 이루어지는 제도를 만들어, 국권과 황권을 수호하려는 운동은 계속 진행되었다. 그런데 난데없이 이상재는 이원긍·유성준·김정식 등과 함께 1902년 6월 일종의 비밀경찰조직인 경위원에 구속되었다. 아들 승인과 함께였다. 입헌군주제를 추구했던 독립협회의 지향으로 인해, 박정양을 대통령으로, 윤치호를 부통령으로, 이상재를 내부대신으로 하는 공화정부를 수립하려는 계략을 짜고 있다고 고발당한 것이었다. 수구파에 의해 일명 '개혁당 사건'으로 조작되어 체포된 것이다. 두 달여 동안 이상재는 가혹한 고문을 받았다. 그러던 중 아들 승인이 모진 고문을 당하는 것을 보자, 결국 자신이 모든 것을 책임지는 대신 아들 승인을 풀어준다는 조건으로 수구파들이 원하는 대로 죄상을 밝힌 문서에 도장을 찍었다. 그 결과 이상재는 15년형을 언도받아 한성감옥소에 갇혔다. 아들 이승인 또한 석방되지 못하고 함께였다.

　독립협회 활동은 결국 투옥으로 연결되었지만 이상재의 사상적 전환
과 그가 한평생 재야 시민운동에 관여하는 기반이 되었다. 훗날 윤치호
는 만민공동회 시절의 동지들을 회상하며 이상재에 대해 "자애와 덕으
로 만인을 감싸주시던 분이었고, 한마음 한뜻으로 팔십 평생을 곱게 지
내신 분이다. 탐관오리들이 정부에서 발호할 때에도 월남 이상재만은
민중을 생각하고 정의를 위하여 한마음으로 깨끗하고 굳게 지내셨다"
라며 그를 그리워했다.

기독교에 입문하다 06

감옥에서 접한 기독교 서적

아버지와 아들이 함께 하는 감옥생활이 마음 편할 리 없었다. 이상재는
유교적 생활습속과 세계관을 지키며 평생을 살아왔다. 그리고 일본과
미국을 다니며 세상의 변화를 관찰하며 자식들에게 공부를 제대로 할
것을 여러 차례 강조한 엄격한 아버지였다. 큰아들보다 먼저 관직을 얻
게 된 둘째 아들 승인이 제대로 뜻을 펴보기도 전에 자신 때문에 억울하
게 감옥생활을 하고 있었다. 더구나 모진 고문을 받아 불편한 몸으로 감
옥생활 내내 고생하고 있는 것이 안쓰럽기 그지없었다. 이상재는 돌아
가신 부모님과 조상에게 큰 불효를 하는 것 같았지만 달리 방도가 없었
다. 하루하루 몸가짐을 조심스럽게 하며 열심히 책을 읽고 올바른 삶의
길이 무엇인지 모범을 보이는 수밖에 없었다.

이상재는 감옥살이를 하는 동안 여러 가지 변화를 겪었다. 우선 상투
를 자르고 단발을 실행하였다. 그리고 이승만 등 평생의 동지들을 만나

앞줄 왼쪽부터 이승만, 강원달, 홍재기, 유성준, 이상재, 김정식,
뒷줄 왼쪽부터 안명선, 안경수, 김린, 유동근, 이승인(이상재의 아들), 부친대신 복역한 어느 소년

사회운동에 대한 새로운 시각을 갖게 되었으며 마지막으로 기독교로 개
종하였다.

　　이상재는 평생 읽어야 할 책을 감옥에서 다 읽는다는 기분으로 이 책
저 책 닥치는 대로 마구 읽었다. 그리고 놀랍게도 만민공동회 일로 구금
되었을 때 이상재의 석방을 위해 불철주야 농성을 한 이승만을 감옥에
서 만났다. 이승만은 탈옥을 시도하다가 붙잡혀 종신형을 언도받고 수
감되어 있었다. 또 감옥에는 독어학교 사건으로 들어온 박용만·양의
종·신흥우 등이 있었다. 이들과 의기 투합하여 1902년 '감옥학교'를 열
었다. 옥리뿐만 아니라 글을 깨우치지 못한 사람들에게 한글·한문·영
어·성경·역사 등을 가르쳤다. 그리고 동료들과는 선교사들이 넣어준
책들을 돌려가며 읽고 수시로 대화를 나누었다. 당시 감옥에는 배재학

당 3대 학장 벙커Dalzell A. Bunker(1853~1932), 게일James S. Gale(1863~1937) 헐버트Homer B. Hulbert(1863~1949) 등의 외국인 선교사들이 정부의 특별 허가를 받아 자유롭게 출입하면서 전도하였고 있었다. 외국인 선교사들 은 사진기를 가져와 사진을 찍어주기도 하고 여러 종류의 책을 가져다 주어서 문고를 만들 정도였다.

선교사들에 의해 차입된 책들은 국한문으로 된 『신약전서』, 『성경문 답』, 『예수행적』, 『찬미가』, 『복음요사』, 『신학월보』, 『그리스도 신문』 등의 기독교 관계 서적과 『천로역정』, 『사민필지』, 『구운몽』, 『인도사 개요』, 『중동전기본말』과 같은 소설 및 세계 역사와 지리 그리고 국제 정세에 관한 것 등으로 다양하였다. 그리고 『아웃룩』과 같은 영문 잡지 도 있었다.

이상재는 처음에는 한글과 한문으로 된 역사 및 서양정치·철학에 관 한 책들을 주로 읽었다. 그러다 이승만과 신흥우의 권유로 점차 기독교 관련 책도 읽었다. 감옥에서 서로 돌려가며 읽은 책의 목록을 꼼꼼히 정 리할 정도로 책 읽는 일에 집중하였는데, 기록에 의하면 약 1년간 24권 의 책을 빌려 읽었다고 한다. 이 책들을 읽으며 이상재는 밖에서 하지 못한 독서를 원 없이 하였고, 엄청난 지적 성장을 이룩하였다.

감옥에 들어온 지 1년이 지날 무렵인 1903년의 어느 날, 이상재는 누군가 갖다 놓은 『요한복음』을 우연히 읽게 되었다. 갑작스럽게 큰 깨 달음이 와 닿았다. 그 뒤 『요한복음』을 읽고 또 읽어 거의 30번이나 읽 었다. 특히 21장을 마음에 새기며 읽었다. 그리고 성경을 본격적으로 읽기 시작했다. 마태복음 5~7장의 구절들도 즐겨 읽었다. 마침내 기독

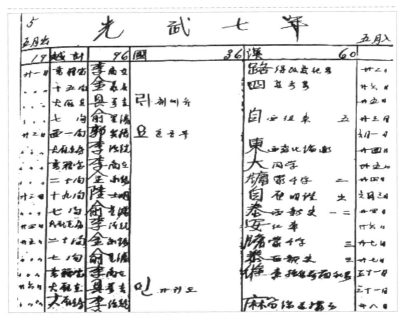

이상재의 옥중 도서 대출 기록

교에 입교하기로 마음을 먹고 벙커에게 세례를 받았다. 당시 이상재의 나이 54세였다. 그가 기독교에 입교하자 같이 투옥되어 먼저 입교한 이원긍·김정식·유성준 등이 반가이 맞이하였다. 이승만도 나라를 위해 잘된 일이라며 이상재의 입교를 축하하였다.

이상재는 이미 주미 외교관으로 미국에 가 있을 때도 틈틈이 성경 책을 읽었다. 미국이 부강하게 된 원인이 무엇인지 알기 위함이었다. 기독교라는 서양의 도 혹은 서양 정신의 장점을 찾으려는 의도였다. 하지만 기독교에 대한 믿음은 생기지 않았고, 심지어 기독교 선교로 포장한 미국의 군사적 팽창을 경계해야 한다는 생각이 들었다. 그래서 아들에게 보내는 편지에서 유교의 가르침을 본령으로 공부해야 한다고 쓰기도 했다. 귀국하여 독립협회 활동을 할 때도 모임이나 공개 연설회 등에서 기독교 정신을 전파하려는 서재필에 대해 반대하였다. 그때만 해도 외국의 여러 나라 제도와 문물을 받아들이는 것은 조선을 부강하게 하기 위한 기술이나 정신을 모색하기 위한 것으로, 조선이 받아들여야 할 서양정신은 기독교 신앙이 아니라 개인의 권리를 중시하는 민권사상이라고 주장했다.

『요한복음』을 읽으며 "내 양을 먹이라"는 말씀이 마치 "내 조선 백성을 먹이라"고 속삭이는 것처럼 들렸다. "내가 주를 사랑하는 줄 주께서 아시나이다", "주의 어린 양떼를 먹이라"는 말씀이 하느님께서 내게 내려주시는 말씀임을 비로소 깨닫게 되었다라고 하였다. 이상재는 조선 백성을 위해 사랑하라는 가르침이 하느님이 자신에게 내린 소명처럼 느껴졌다. 유교적 가르침에 따라 왕을 위해 헌신하려 했던 자신의 마음이 결국 조선의 백성을 위해 헌신하려는 것이었음을 성경을 읽으면 읽을수록 분명해져 왔다. 온몸이 떨리는 체험이었다. 이상재는 뒤늦게 깨달은 참회를 다음과 같이 기록하였다.

한 임금이 보낸 사자가 와서 말하기를 "나는 수년전 그대가 워싱턴에 있을 때 성경을 주어 예수를 믿을 수 있는 기회를 주었지만 그대는 거절하였다. 그것이 첫 번째 큰 죄이다. 그대가 독립협회에 가담했을 때 다시 기회를 주었다. 그러나 그대는 자기가 예수를 믿지 않을 뿐만 아니라 다

이승만

른 사람들도 믿지 못하게 방해했다. 이런 식으로 그대는 민족이 진보할 기회를 막았으니 이것이 더 큰 죄이다. 나는 그대 생명을 보존하여 옥중에 그대를 두었고 이제 믿을 수 있는 또 다른 기회를 주노니 지금이라도 그대의 잘못을 회개하지 않는다면 전보다 더 큰 죄가 될 것이다"라고 하셨다.

이상재는 기독교의 가르침이 유교의 가르침과 다르지 않다고 생각했다. 나아가 세계열강이 다툼을 벌이는 세상에서 기독교의 정신이 백성들로 하여금 소명의식을 갖고 살아가게 하는 힘이 있다고 생각했다. 그리고 기독교의 나라 미국은 중국이나 일본, 러시아와는 달리 조선에 대한 침략 야욕이 없으며, 오히려 조선의 자주독립에 도움을 줄 것이라고 판단했다. 감옥에서 만나 많은 이야기를 주고 받으며 서로 생각을 나누고 가다듬는 데 도움을 준 이승만도 그의 생각에 동의했다.

이승만은 그동안 자기의 생각을 정리한 『독립정신』이라는 작은 책을 보여주며 이상재에게 교정을 부탁했다. 이승만은 책에 "오랫동안 전제정치를 받아온 조선인을 기독교로 교화시킨 후, 서양의 정치와 제도와 법률을 받아들여 내정개혁을 하는 한편, 만국공법을 지키고 중립외교를 통해 한국의 독립을 보장받자"는 영세중립국화 방안이 조선의 살 길이라고 적고 있었다. 이상재 역시 "정신은 기독교로, 제도는 서양정치와 법률로, 만국공법 준수와 중립외교의 외교적 방법으로 독립하자"는 이승만의 방안이 명쾌하고, 조선 백성이 살아남을 유일한 방법이라고 믿게 되었다. 자신의 남은 인생은 기독교를 통해 민권운동, 국권운동, 민족운동을 하는 쪽으로 생각이 가다듬어졌다.

혼란스러운 조선의 정세

드디어 러일전쟁이 끝나고 1904년 5월 이상재는 투옥된 지 2년 1개월 만에 석방되었다. 감옥에 있을 때 돌보아 준 선교사 게일을 찾아 연동교회로 갔다. 연동교회에서 입교하니 유성준·박승봉을 비롯하여 같이 출옥한 독립협회와 만민공동회 동지들도 연동교회로 출석하였다. 이상재의 기독교로의 개종 및 연동교회 출석은 기독교에 대한 이미지를 변화시키는 하나의 계기가 되었다. 당시 조선 사회에서 기독교는 주로 천민이나 가난한 자들이 믿는 종교라는 인식이 강했다. 그런데 54세의 전직 고위 관료를 필두로 지사적인 풍모가 강한 선비들이 연동교회에 출석하니 기독교를 보는 시선이 달라지고, 백성들 사이에서 국망國亡의 위기 앞에 기독교에 기대고자 하는 마음이 퍼지기 시작했다.

출옥하여 세상 돌아가는 모습을 보니, 러일전쟁에서 이긴 일본이 침략 의욕을 노골적으로 드러내고 있었다. 국망이 눈앞에 전개되고 있는 아찔한 순간이었다. 일본은 한일의정서 체결을 강요하고, 각종 이권을 침탈하는 데 혈안이 되어 있었다. 만민공동회 연설회 당시 자신이 주장한 외세침략에 의한 나라의 멸망이 임박한 시기였다. 6월에 일본은 어공원御供院 소관의 산림·하천·연못 등의 황무지 개간권을 내놓으라고 협박을 서슴지 않았다. 유생들과 선각자 등은 보안회를 조직하여 만민공동회를 방불케 하는 반대운동을 벌이고 있었다. 이상재도 다음과 같은 상소문을 작성하여 반대의 목소리를 높이며 여론을 주도하였다.

최근 우리나라 국유 광산이라든지 철도 기지라든지 서북 삼림이라든지 연해 어업이라든지 이 모든 것에 대한 권리 취득을 외국인들이 요청하면 우리나라 정부에서 한 번이라도 허락하지 않은 적이 있었습니까. 이렇게 외국인들이 요청하는 것이 끝날 줄 모르는데, 오늘날에는 일본인들이 또 다시 국내 산림·하천·연못 등의 개발권까지 허가해 줄 것을 요청할 정도로 극심해졌습니다. 정부에서는 또 이 요청을 허가할 것입니까. 만일 이를 허락해 준다면 외국인들이 또다시 요청할 만한 그 무엇이 남아 있을 것이며, 우리는 또한 무엇이 남아서 이런 요청에 응하겠습니까. 이렇게 되면 그야말로 조선 왕조 오백년의 마지막이 될 것이며, 삼천리가 종속국이 될 것이므로, 우리 정부에서는 허락하지 않을 줄 확신합니다. 이는 하지만 본인 혼자만의 확신이 아니라 국내의 모든 사람들이 굳게 믿어 의심하지 않는 바입니다.
그런데 광산·철도·삼림·어업 등의 권리를 넘겨줄 적마다 정부가 좋아서 하는 일이라고 한 번도 말한 적이 없었습니다. 그러나 일을 처리할 때는 구차스럽게 우물쭈물하거나 질질 끌다가 압력이 오면 어찌 할 수 없어 아니할 수 없다며 결국 허가해 버리고 말았습니다. 그러고는 자기가 한 일이 아니라고 발뺌을 하거나 개인적인 이익을 추구해서가 아니라 온 나라의 안위와 존망이 달려 있어 어쩔 수 없었다고 합니다. 자기 자신을 스스로 업신여기는 사람을 얕보며, 자기 자신을 스스로 내던지는 사람을 침해하는 법입니다. 지금 우리나라의 정치도 이와 같이 스스로를 업신여기며, 학대하는 정치입니다.

산림·하천·연못만 하더라도 황무지는 국내 어디를 가도 있는 것입니다. 먹을 것도 없고, 직업도 없는 대다수의 국민들로 하여금 황무지를 개간하도록 한다면 토지마다 비옥하게 될 것이며 집집마다 넉넉해질 것입니다. 이렇게 되면 국민들은 직업을 얻고 나라 또한 세금을 많이 거두게 될 것입니다. 국가가 부강해지는 기초는 이로부터 시작하는데 정부가 시행하지 않는 것은 무슨 까닭입니까?

한 개인이 손바닥만 한 땅이라도 개간하면 즉각 높은 세금을 부과하고, 또 세력가들이 빼앗아가니 누가 견디겠습니까. 또 최근 하필 황무지를 신설된 어공원에 귀속시키니, 우리 백성의 개간이 막히고 오히려 외국인의 요구는 늘어나고 있습니다. 국사가 그릇되어 외국인들의 능멸이 나날이 심해지고 있습니다. 어공원을 없애고, 황무지를 백성이 개간하도록 편의를 주고, 세액을 적절히 정해서 내도록 한다면, 황폐한 토지가 줄고 외국인의 요구도 사라지게 될 것입니다. 그렇게 하면 오늘날 일본인의 능멸을 받는 일이 도리어 정부가 각성하는 데 좋은 약이 될 것입니다.

스스로 생각하건대 학식이 부족하여 해박하게 말씀드리지 못했으나, 의논을 채택해 주시기 바랍니다.

게일 목사

한규설

이상설

결국 황무지 개간권 양도를 포기한다고 정부가 회유책을 발표했다. 회유책이 발표되자 일본인 고문을 초빙하여 내정개혁을 한다는 제1차 한일협약이 체결되는 등 일본의 노골적인 침략 야욕에도 만민공동회를 방불케 하던 보안회 활동은 흐지부지 되었다. 이상재는 1904년 9월 이준·이동휘 등과 협동회를 조직하여 국권수호운동을 활발하게 전개하고자 하였으나 뜻대로 되지 않았다.

이즈음 연동교회 게일의 소개로 황성기독교청년회(YMCA)에 나가기 시작했다. 황성기독교청년회는 1904년 게일과 헐버트 등의 외국인 선교사가 만든 초교파 기독교 청년운동 단체였다. 조선인 간부의 임용 방침에 따라 1905년 윤치호가 부회장이 되면서 이상재는 교육부 위원장이 되었다. 기독교에 입교하면서 기독교를 통해 국권과 민권을 옹호하는 시민운동이나 사회운동을 하려고 한 생각을 펼치기에 좋은 기회였다.

1905년 11월 18일 을사늑약이 강제로 체결되었다. 한규설과 같이 조약 체결을 끝까지 반대하는 관료들은 갇히거나 면직되었다. 의정부 참찬 이상설은 종로 네거리에 나가 머리를 풀고 대성통곡을 하고 자결을 시도하였다. 장지연은 『황성신문』에 「시일야방

성대곡是日也放聲大哭」이라는 논설을 써 일제의 침략과 조선인 매국노들을 통렬히 비판하였다. 민영환은 을사늑약의 부당함을 호소하며 스스로 목숨을 끊었다. 이상재가 오랫동안 모셔왔던 박정양도 12월 15일 세상을 떠났다. 나라가 망해감에 뜻있는 자들은 세상을 버림으로써 항거하거나 세상에 나오지 않고 은둔하는 등 난세를 피하고 때를 기다리고자 하였다. 간혹 몇몇은 조선을 떠나 새로운 가능성이나 희망을 찾고자 하였지만 이러지도 저러지도 못하고 일상을 꾸려가야 했던 사람은 다시 기운을 차리고 작으나마 자기 일을 찾아야 했다.

어쩔 수 없는 관직 생활

이상재는 고종으로부터 이상설의 후임으로 1905년 12월 의정부 참찬에 임명되었다. 정3품의 높은 벼슬이었다. 하지만 뜻있는 사람들이 을사늑약으로 목숨을 바치고, 벼슬을 내놓고 항거하는 마당에 다시 관리로 나아가고 싶지 않았다. 하지만 나라가 망해가는 상황에서 마지막 몸부림을 하고자 하는 힘 없는 왕의 부탁을 외면할 수가 없었다. 거절하기에는 상황이 너무나 급박했다. 당시 관료 생활은 을사오적이라고 규탄받는 이완용·박제순 등과 매일같이 얼굴을 맞대야 하는 불편한 자리였다. 일처리에서나 일상생활에서 주고 받는 대화 모두 비위가 상하는 일이 태반이었다.

어느 날 박제순이 불러 갔더니, 사람을 더 써야겠다며 관직 몇 개를 내달라고 요구했다. 이상재는 매관매직에 열을 올리는 박제순에게 참을 수 없는 분노가 치밀어 올랐지만, 부드러운 얼굴로 태연하게 대꾸를 하였다.

"내가 불가피하게 위원 10여 명을 더 쓸 터이니 알아서 해주시오. 그리고 영감도 필요하면 몇 명 쓰시오. 내가 알아서 해주리다."

"네, 대감께서 필요하시다면 더 드려야지요. 하지만 저는 위원이 필요 없으니 대신 돈으로 주시오."

"내게 무슨 돈이 있어, 돈을 달라고 하는 것이오."

"대감께서는 늘상 팔아 드시니까, 어디에 팔지 잘 아시지 않소. 저는 팔 곳을 모르니 소용이 없소."

이상재의 말에 박제순은 아무 말도 못하고, 다시는 관직을 더 달라고 요구하지 않았다.

어느 날은 이상재가 있는 자리에서 이완용과 박제순이 이런저런 이야기를 주고 받고 있었다.

"얼마 전 민영환 대감이 죽은 자리에 대나무가 났다는데 ……."

"허허 참, 이 다음에 우리가 죽으면 무엇이 날까요?"

이완용은 을사늑약 체결에 도장을 찍으며 "종묘사직을 지키기 위해서 어쩔 수 없이 할 수밖에 없었다. 나중에 힘을 키워 다시 도로 찾으면 된다"며 오히려 애국자인 척했을 만큼 뻔뻔스러웠다. 이야기를 못 들은 척 가만히 있던 이상재가 불쑥 끼어들었다.

"아마도 쑥대가 나겠지요."

그러자 이완용과 박제순은 머쓱하여 자리를 털고 나가 버렸다. 사람이 죽은 자리에 쑥이 자라 무성하다는 것은 폐허가 되었다는 것으로, 흔히 하는 말로 쑥대밭이 되었다는 말을 돌려서 한 것이다. 을사오적에 대한 비난을 비꼬아서 한 말이었다. 실제로 이들이 죽은 뒤 그들의 묘는 아무도 모르게 자꾸 파 뒤집어져 결국 쑥대밭이 되어 버렸다.

한 번은 심한 어조로 나라 팔아먹는 이들을 질타하기도 하였다. 이완용과 송병준과 우연히 어느 자리에서 마주 앉게 되자, 이상재는 대뜸 이렇게 말을 건넸다.

"대감들, 대단하시오. 대감들은 서울보다 도쿄에서 사시는 것이 어떤지요."

"아니, 영감! 별안간 그게 무슨 말씀이오."

"대감들은 나라 망쳐 먹는 데 천재이니까 도쿄로 가시면 일본도 또 망할 것 아니겠소."

나라를 팔아먹는 사람들과 같이 일하는 것이 참을 수 없을 만큼 비위가 상했다. 그러나 폭력을 휘두르거나 힘으로 제압할 수는 없었다. 태연하게 할 말을 다하는 방법은 뼈 있는 농담이라는 형식밖에 없었다. 그리고 가끔 황성기독교청년회에 나가 울분을 토하거나 기도를 하며 위로를 받았다. 당시 이상재는 황성기독교청년회에서 "국민의 의무"라는 연설을 하기도 하고, 국민교육회에서 "교육의 큰 뜻"이라는 연설을 하며 세월을 보냈다.

그즈음 고종은 빼앗긴 외교권을 되찾기 위한 노력을 은밀하게 진행하고 있었다. 외국인 선교사 헐버트를 통해 을사늑약에 반대하는 친서를 국외로 내보내, 일제의 침략 의도를 폭로하고 조선이 자주독립국임을 알리는 외교를 펼치도록 하였다. 그러나 이렇다 할 성과를 얻지 못하고 있었다. 때마침 1907년 6월 헤이그에서 열리는 만국평화회의에 참석할 것을 요청하는 초청장을 만국평화회의 주창자인인 러시아 황제가 보내왔다. 고종은 이상설·이준·이위종을 특사로 임명하여 참석하도록 하였다.

그런데 일본 모르게 국제적인 외교를 펼치기 위해서는 많은 비자금이 필요했다. 그래서 고종은 이세직이라는 사람에게 밀칙을 내려, 국내의 이권을 외국인들에게 양도하여 비자금을 조성하라고 하였다. 그러나 이 일은 사전에 발각되어 버렸다. 이 사건을 계기로 이상재는 1906년 여름 또다시 감옥으로 가게 되었다.

이상재는 이미 헐버트와 정동구락부에서 만나 친분을 유지해왔고, 특히 한성감옥에 있을 때 헐버트가 벙커나 게일 등과 면회를 와 책을 넣어주기도 했다. 출옥 후 그가 만든 황성기독교청년회에서 교육부장으로 일하고 있어 헐버트가 고종의 밀사로서 대외적인 활동을 하고 있음을 알고 있었다.

고종이 은밀하게 헤이그에 파견할 특사를 알아보고 있을 때 이상재는 게일의 연동교회에 이준과 함께 다니고 있었다. 또한 을사늑약이 체결되자 종로 네거리에서 대성통곡하고 사라진 이상설의 후임으로 있으면서 이상설이 북간도 용정촌으로 옮겨가 후일을 도모하고 있다는 것도 알고 있었다. 고종은 이세직의 일이 발각되자, 이 일을 숨길 수밖에 없었다. 이세직이 개인적으로 고종의 옥새를 도용하여 벌린 일이라고 꾸몄다. 이상재도 이완용·박제순·송병준 등으로부터 개인적인 미움을 받고 있는데다, 일제의 강압에 의해 제정된 「이민보호법」 24조의 일본

통감의 동의를 필요로 한다는 내용의 삭제를 주장하며 반포를 미루고 있었는데, 이 일을 빌미삼아 통감부 경무청에서 그를 구금하였다.

이상재는 57세의 나이에 구금되어 몇 달 감옥생활을 하다보니 몸과 마음이 모두 피폐해졌다. 그동안 집안 살림살이는 엉망이 되어 있었고, 부인과 큰아들 승륜이 병고에 시달리고 있었다. 결국 증거 불충분으로 풀려난 뒤 이상재는 바깥 출입을 자제하며 사람 만나기를 꺼려하고 은둔하고 있었다.

그 와중에 일본은 이상재를 회유하고자 은밀한 손길을 뻗쳤다. 이상재가 풀려나 지쳐있을 때 일본공사관 통역이 집으로 찾아왔다.

"이번에 영감이 나오시게 된 것은 우리 시데하라 공사 덕분이오."

"아니, 그게 무슨 말도 안 되는 소리오."

"우리 공사가 영감의 억울함을 고종에게 간절히 아뢰어, 특별히 사면받도록 한 것이오. 그러니 우리 공사를 찾아 뵙고 인사를 한번 드리는 것이 어떤지요?"

"아, 그렇군요. 고종 황제께서 나를 특별히 놓아주셨군요. 나를 사면해주신 분은 고종 황제시니 고종 황제를 찾아 뵈어야겠군요."

당황한 공사관 통역이 말을 돌려 이어갔다.

"이제 나이도 연로하시고, 집안 식솔도 돌보아야 하니 고향으로 내려가심이 어떤지요."

"그게 무슨 상관이오."

"우리 공사께서 황제에게 영감의 억울함을 아뢰어 토지를 내리시도록 할 터이니 편안한 여생을 보내시지요."

"나는 귀 공사와 얼굴을 한 번도 본 적이 없는데, 나를 어떻게 알아억울함을 호소하여 땅을 내린단 말이오. 그리고 나는 고향을 떠난 지 오래되어 농사지을 줄도 모르는데, 웬 땅이란 말이오."

땅을 장만해 줄 테니 고향으로 내려가라는 일본공사의 속셈을 모를리가 없었다. 하지만 이상재는 화를 내기보다는 능청스럽게 대답하였다. 여러 번의 옥사를 치르고, 관직에 나아가 여러 부류의 사람을 만나산전수전을 겪으면서, 속으로는 아무리 고통스럽고 분노가 치밀어 오르더라도 겉으로는 항상 허허실실하며 해학으로 대했다. 1907년 부인 강릉 유씨와 큰아들이 죽고, 이듬해 1908년 같이 옥살이하며 고생한 둘째아들마저 죽자 더더욱 그러했다. 의기소침하거나 침울하지 않고 항상농담을 건네며 여유로운 얼굴로 누구와도 어울렸다. 아무도 가족들을떠나보낸 노인이라고 생각하지 못했다. 그야말로 '영원한 청년'으로 거듭나고 있었다.

황성기독교청년회 활동을 시민운동으로

황성기독교청년회 교육부장인 이상재는 청년회 학관을 개설하고 성경과 신지식을 가르치기 시작했다. 기독교 청년뿐만 아니라 일반 청년들도 대상으로 했다. 조선의 유일한 살 길은 청년의 신지식 습득에 있으며, 이를 위해 기독교와 교육의 중요성을 설파하였다. 바야흐로 교육기회의 보급 및 교육 활동이 국권회복을 위한 애국계몽운동으로 정립되어 가던 시기였다. 교육은 개인적인 실력양성은 물론 국가를 부강하게 하는 방법으로 인식되었다. 이러한 가운데 상류층의 자제들도 황성기독교청년회로 모여들어 공부하기 시작하고, 이중에는 기독교로 입교하는 자도 늘어갔다. 이상재의 노력으로 황성기독교청년회의 활동은 더욱 활발해져갔다.

당시 국제 정세가 불안하고 나라가 어수선하자 일반 백성들은 국제 무대에서 활약하는 선교사들의 막강한 힘을 보면서 기독교가 유일한 희망이며 구원처라고 생각하고 기독교의 여러 행사에 몰려들었다. 당시

기독교에서 주최하는 대부흥회는 각지에서 몰려드는 사람들로 인산인해를 이루었다. 산 넘고 물 건너 몇백 리를 걸어서 행사에 참여하는 가난하고 힘없는 사람들의 눈물겨운 사연들과 기적 같은 일들이 널리 소개되었다.

이즈음 기독교 신앙을 북돋우는 자리로 대부흥회가 자주 열렸고, 대부흥회의 대표적인 연설자는 황성기독교청년회 종교부장이 된 이상재였다. 이상재의 연설을 듣기 위해 사람들이 몰려들고, 그의 연설을 듣고 감복하여 기독교 신자가 되는 사람들도 늘어났다. 쇄국정책의 대표적인 추진자였던 흥선대원군의 외손자인 조남복도 이상재의 연설을 듣고 기독교로 입교한 대표적인 인물이다. 대부흥회에서 연설하는 이상재의 모습은 마치 열렬한 애국자의 모습일 뿐만 아니라 순교자, 예언자의 모습이었다. 그의 연설 한 마디 한 마디가 사람들의 입에 오르내리며 감동이 전해졌다. 그의 연설하던 모습을 뒷날 유진태는 잡지『삼천리』에서 다음과 같이 묘사했다.

월남 이상재의 연설을 들은 이는 많을 것이다. 더구나 만년에는 기독교에 전심전력을 바쳤다. 예배당이나 학교 강당에서 후리후리한 큰 키에 불타는 눈빛을 이리저리 돌려가며 열변을 토하기 무릇 수백 수천 번이었다. 그러나 지금부터 30~40년 전, 이 땅에 신문화운동이 일기 시작하여 팔도강산에 연설객들이 다니며 격정적인 연설을 하던 때, 새파란 청년시대의 이상재 씨의 연설을 들은 이는 별로 많지 않을 것이다.

생각해 보면 월남이 아마 40대였을 무렵, 황성기독교청년회관 넓은 광장에서 「청년 학생에게 고하노라」는 제목의 연설이 있었다. 지금은 벌써 고인이 된 동무 서너 명과 어울려 나도 월남의 공개 연설을 들으려 예배당으로 몰려갔다. 마당에는 천막을 쳐서 햇볕이 내리쪼이는 것을 막고 있었는데, 아마 때는 9월쯤이었던 듯 무더운 바람이 아직도 사람 두 셋만 모여 앉아도 무더웠다. 큰 길로 모여오는 군중의 대부분은 학생들이었다. 사범학교 모표를 붙이거나 사관학교 제복을 입은 사람 등 장안의 각 학교 학생들이 많이 몰려왔다.

이윽고 얼굴 길고 눈빛이 형형한 40대 청년 이상재 씨가 패기만만하게 단상에 올라 서더니, 그때나 이때나 익살을 가끔 연발하며 "청년 학도 여러분들 밖에 믿을 것이 없는데, 놀지 말고 열심히 공부하여 나라의 기둥이 되어 달라"고 열변하였다. 그때의 연설 내용은 이제 다 기억하지 못하지만, 단상에서 내려오면 학도들이 그 주위에 몰려가서 다시 좀 더 연설을 하여 주십사고 애원을 하는 것을 보았다. 이상재 씨의 기개는 80대에 이르도록 조금도 쇠함이 없었고 더구나 연설은 팔십 평생 가장 큰 보배였다.

그러나 황성기독교청년회에 관여하며 지내는 동안 이상재는 개인적으로는 부인과 아들들의 연이은 죽음을 겪었다. 1908년 감옥에서 함께 고생한 둘째 아들의 죽음에 대해 미안함과 후회는 말할 것도 없었지만 부인에 대해서는 회한이 사무쳤다. 겉으로는 태연한 체 지냈지만 아내에 대한 미안함과 그리움은 시를 지어 달랬다.

죽은 아내를 슬퍼함

나를 버리고 어찌 차마 갑자기 하늘로 돌아갔는가.
고생하면서 지난날이 18년이 되었네.
살고 죽는 것은 원래 인간 사이의 한 꿈인데.
잊으려 해도 어찌하여 밤에 잠 못 이루는가.

사회적으로는 헤이그특사 파견을 빌미로 고종도 1907년 강제로 왕위를 물려주는 일이 일어났다. 헤이그특사사건이 알려지자, 7월 12일 일제는 고종을 퇴위시키고 외무대신을 한국에 파견하기로 결정했다. 17일에는 이완용 내각이 고종에게 도쿄에 가서 일왕에게 사죄할 것을 강요하였다.

이러한 사정이 알려지자 황성기독교청년회는 특별회의를 개최하여 관련 대신들을 국적國賊이라 규탄하고 죽일 것을 주장하였다. 또 고종의 양위와 일본행 및 한국에 불리한 새로운 조약이 체결되는 것을 저지하는 투쟁을 전개하기로 하고, 종로에서 대중 시위를 주도하여 일본 헌병 및 경찰과 충돌했다. 이상재는 이완용 등이 고종의 양위를 압박하는 것을 보며 몇몇 단체들과 연대하여 고종의 양위반대운동을 주도적으로 전개하였다. 7월 20일에는 석고단에 2만여 명의 민중이 모여 시위를 하고, 일진회 기관지인 국민신보사를 습격하고 이완용의 집을 불태웠다. 이 일로 청년회의 간부와 회원들은 붙잡혀 갔다.

황성기독교청년회는 교파를 초월하여 신자와 비신자 모두가 참여

가능한 단체로, 회원의 의사를 존중하는 시민사회운동단체였다. 원래 YMCA는 국제적인 조직으로 출발했는데, 조선에 있는 기독청년회이기 때문에 이름을 황성기독교청년회라고 하고 중국 YMCA와 조직적으로 연계되어 있었다. 그런데 황성기독교청년회가 고종의 양위반대운동을 주도하자 일본 YMCA는 종교단체의 탈을 쓰고 정치운동 한다, 외국인인 선교사를 등에 없고 국권회복운동을 한다면서 언론을 통해 비난하기 시작했다. 독립협회의 부활이라고 생각했던 이상재는 아랑곳하지 않고 황성기독교청년회의 활동을 시민운동으로 발전시켜 나갔다.

1907년 황성기독교청년회 정초식에 황제가 참여하고, 연 1만 원의 하사금을 지원해주었다. 번듯한 건물을 짓도록 종로 요지의 토지를 기부하는 사람도 나타났다.

특히 1910년 6월 이상재가 기획하여 추진하여 진관사에서 1주일간 개최된 YMCA 청년 하령회는 아주 성공적이었다. 부흥회처럼 성경을 읽거나 기도하는 형식으로 이루어진 것이 아니라 하령회는 강의·음악·감상·체육·토론·여가활동 등 다양한 교양프로그램으로 운영하였다. 마땅한 교양 교육을 체험할 기회가 없었던 조선인 청년에게는 아주 좋은 기회로 인기가 좋았다. 그리고 이상재의 권유로 이승만이 귀국하여 전국을 돌며 순회강연을 열어 청년들에게 분발할 것을 호소하였다. 황성기독교청년회 청년 시민운동은 자리를 잡아가고 있었고, 이상재 역시 기독교 청년운동가로 명성이 높아지고 있었다.

강제병합 이후 일본의 유화책

하지만 국력은 더욱 쇠잔하여 1910년 8월 조선은 일본에 강제병합되어 버렸다. 강제병합되자 일본은 조선의 유명 인사나 기독교 세력을 비롯한 사회단체에 일종의 유화적인 정책을 취했다. 일본의 여론 주도 인사들을 조직하여 한국을 시찰하고, 한일병합의 당위성을 선전하도록 하였는데, 그중의 한 명이 이상재를 식사 자리에 초청하였다. 그러고는 그 자리에서 이상재에게 "우리 일본과 조선이 하나가 되었으니, 선생의 느낌은 어떠십니까"라며 한일병합에 대한 소감을 물었다. 그러자 이상재는 "아주 좋소이다"라고 대답했다. 그래서 무엇이 그리 좋냐고 되물었다.

이상재가 "무조건 좋지요, 말 할 것이 무어 있겠습니까"라고 말하자 재차 그 까닭을 물어 이상재는 "허허, 제가 좋지 않다고 말하면 병합을 취소하실 건가요? 그게 아니라면 좋다고 말해야지요. 듣고 싶은 말이 무조건 좋다는 이야기지요?"라고 말하였다. 그러자 한일병합의 당위성을 선전하려던 일본 사람은 슬그머니 다른 이야기를 늘어놓다 사라져 버렸다.

또 하루는 병합 기념으로 일본 황실 대표가 조선 황실을 방문한다며 서울 전역을 청소하고 황토를 뿌리는 등 맞이할 준비를 하도록 야단법석을 떨었다. 이상재의 집에도 순사가 찾아와 국빈을 맞이할 준비를 하라고 성화였다. 이상재는 집안 식솔들을 다 불러 모아 호들갑을 떨며 "국빈이 어찌 나를 알고 이 누추한 곳을 방문한단 말인가", "어떠하

면 좋단 말이오. 국빈을 대접할 물 잔 하나, 접시 하나 변변한 것이 없는
데", "집이 좁아 안으로 모실 수 없으니, 어서어서 쓸고 마당에 자리를
깔게나"라며 허둥지둥 분주하게 왔다갔다 하는 모습을 보이자, 순사는
어처구니 없다는 표정을 짓고 물러가 버렸다.

　일제는 한일병합기념이라는 명분을 내걸고 기독교 단체 대표들을 뽑
아 김린을 중심으로 일본 기독교 단체 방문단을 조직하여 도쿄로 초청
하였다. 감리교 대표 18명, 장로교 대표 11명의 기독교계 대표가 일본
YMCA 총무의 인솔로 1911년 8월 2일부터 13일까지 11일간 일본을
여행하였다. 이상재도 장로교 대표단의 한 사람으로 도쿄를 방문했다.
이상재는 박정양의 수행원으로 신사유람단에 끼여 선진문물을 조사 시
찰하러 처음으로 일본을 방문했다. 그때는 일본의 변화에 놀라움을 금
치 못하며, 동료들과 조선을 문명개화할 것에 의기투합하여 희망에 부
풀어 있었다. 갑오개혁 이후에는 교육행정 관료로 개화를 추진할 인재
를 양성하기 위해 관비 유학생을 데리고 왔다. 그들의 편의를 주선하기
위해 동분서주 했던 일이 새삼스럽게 떠오르며 만감이 교차하였다. 이
제 어떻게 보면 망국을 기념하는 초청으로 일본에 온 것이다. 게다가 유
학생들을 상대로 강연을 하게 된 곳이 옛 공사관 자리였다. 이상재는 강
연을 시작하려니 마음이 울컥해 "오늘 제가 여기서 여러분을 보니, 부
모 잃은 동생을 보는 것 같습니다. 부모를 잃고 남의 집에서 기식하며
지내니 얼마나 고생이 많겠습니까"라며 흐느끼며 연설을 하였다. 나라
잃은 슬픔을 부모 잃은 슬픔에 빗대어 표현할 수밖에 없었으니, 학생들
도 같이 눈시울이 뜨거워졌다.

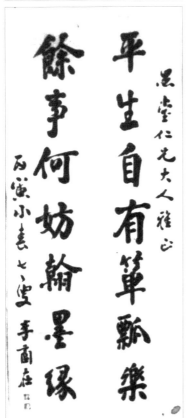

이상재의 친필

다음 날 도쿄의 병기창을 방문했을 때였다. 병기창 시찰을 마친 후 저녁 환영식장에서 각자 돌아가며 소감을 한마디씩 발표하라고 했다. 이상재는 일어나 비장하게 "오늘 병기창을 둘러보고, 일본의 강함을 실감하였습니다. 과연 동양의 최강국이라 할 만합니다. 그런데 한 가지 걱정되는 것은 칼로 흥한 자는 칼로 망한다는 옛말이 있어 지금 두려울 따름입니다"라며 정곡을 찔렀다. 이상재의 뼈 있는 말 한 마디에 아무 말도 못하고 서로 눈길을 외면하였다.

일본 방문에서 이상재는 제국주의적 야욕을 보게 될 때는 거침없이 말하고, 조선의 처지에 대한 서글픔이 한량없을 때는 가슴 아파했으나, 뜻있는 인사를 만나면 극진히 예를 다하면서 친교하였다. 한성감옥에 있을 때의 동지로, 먼저 기독교로 입교한 후 연동교회를 거쳐 황성기독교청년회 조선인 간사로 일했던 김정식이 이상재에게 일본 기독교계 인사를 소개했다. 김정식은 당시 일본에 머물며 재일본 한국인

YMCA 활동을 전개하고 있었다. 김정식은 무교회주의 신앙인인 가와가미山上昌保 박사를 소개해주었다. 이상재는 무교회주의 신앙관에 대해 경청하고 성심을 다해 자신의 생각을 글로 써 주었다. 마음이 통하는 벗에게나 가능한 일이었다. 글귀는 모든 일은 오로지 진리에서 구할 것이니, 말하지 않아도 서로를 비추는 오롯한 마음이라는 뜻의 "만사무구진리외萬事無求眞理外 일심상조불언중一心相照不言中"이었다. 요한복음 8장 23절 "진리가 너희를 자유케 하리라"와 요한복음 17장 21절 "이는 그들 모두가 하나 되게 함이오니, 아버지시여, 아버지께서 내 안에 계시고 내가 아버지 안에 있는 것같이 그들도 우리 안에서 하나가 되게 하여서 세상으로 하여금 아버지께서 나를 보내신 것을 믿게 하여 주옵소서"를 합한 내용이었다. 조선인이든 일본인이든 진리를 추구하면 모두 다 하느님 안에서 하나임을 강조하였다.

일제의 기독교 탄압

강제병합 이후 일제가 기독교에 대하여 유화책만 폈던 것은 아니었다. 기독교에 대한 본격적인 탄압에 들어갔는데, 하나는 105인 사건을 꾸며 기독교인을 대대적으로 탄압한 것이다. 이는 서북 지역 반일적인 기독교인을 탄압하려는 의도에서 시작되었다. 다른 하나는 일명 유신회 사건으로 황성기독교청년회를 일본 YMCA의 산하 조직으로 만들어 기독교 시민사회운동의 분열을 꾀한 일이다.

　105인 사건은 서북 지방의 반일사상에 주목하던 일제가 조선 총독을

총살하려는 모의가 있었다며 1911년 9월부터 윤치호를 비롯한 기독교 관련인사 105인을 잡아들인 사건이다. 혹독한 고문과 사상 전환 압박에도 불구하고 끝까지 항소하여 99명이 무죄를 받았으나 윤치호 등 6명은 실형을 살았다. 이 과정에서 황성기독교청년회의 간부들이 구속되는 등 기독교 세력은 큰 타격을 입었다.

이상재는 105인 사건은 피해갔으나, 내부 분열에 휩싸였다. 그로 인해 황성기독교청년회는 일본 YMCA 산하의 조선중앙기독교청년회로 이름을 바꾸고 새롭게 출발했다.

원래 황성기독교청년회는 외국인 선교사 간사와 조선인 간사가 나란히 있는 체제였다. 회원을 대상으로 하는 사업은 조선인 간사의 영향력이 높았지만 재정 운영이나 기부금 모집, 국제 연대 활동 등에서는 외국인 간사가 주도적으로 하였다. 그러다 보니 황성기독교청년회 운영에서 외국인 선교사의 영향력을 줄이고 조선인 회원 중심으로 재정 운영을 합리적이고 독립적으로 운영하는 것을 선호하는 사람들이 생겨났다. 이들은 김린을 중심으로 유신회를 조직하고 총회와 황성기독교청년회를 일본 YMCA와 합치거나 그 산하 조선 지부로 하자고 주장하였다. 동시에 이사회에서 미국과 외국인 선교사를 배척하고자 하였다. 이상재는 황성기독교청년회가 친일화 되는 것을 막고자 이사회에서 외국인 선교사를 배척하는 것을 온몸으로 막았다. 하지만 재정업무를 담당하는 질레트Philip L. Gillett(1874~1939) 선교사는 간사직을 그만두고 본국으로 돌아갔고, 황성기독교청년회는 일본 YMCA 산하의 조직이 되었다. 이때 이상재는 일본 YMCA와 협의하여 6개조에 걸친 양해사항을 체결하였다. 이상재와 함께 YMCA에서 활동한 구자옥은 한 기관이 위기에 처했을 때 어떻게 하느냐를 보면 그 역량과 기개를 알 수 있는데, 당시 이상재의 모습을 보고 그가 거인임을 깊이 느끼게 되었다고 한다.

이상재는 병합이 되자 YMCA가 조선총독부로부터 활동비 보조를 받는 것을 꺼려하였다. 그러나 외국인 선교사 총무인 질레트는 원래 고종이 1906년 이후 매년 하사한 것이므로 호의로 여기고 계속 받아도 되며, 궁핍한 재정을 위해서는 필요하다고 주장하였다. 이상재는 열악한 재정상태가 문제라면 한국인 간사는 월급을 받지 않아도 무방하다며 끝까지 반대하였다. 결국 이것이 빌미가 되어 질레트가 사임하는 계기가 되었는데, 질레트는 이상재의 의견을 듣지 않은 것을 두고두고 후회했다고 한다.

105인 사건과 1913년 유신회 사건을 계기로 조선중앙기독교청년회는 활동의 방향과 성격을 더욱 분명히 하였다. 105인 사건으로 6년형을 받고 복역하다 특별사면으로 나온 윤치호의 연설은 이러한 방향 설정을 잘 드러내준다.

"경거망동은 우리에게 아무런 이익도 주지 못한다. 조선을 구제할 자는 오직 힘이니 힘은 청년들이 도덕적으로 지식적으로 수양함에서 나오고, 그러한 뒤에도 교육과 산업을 위하여 꾸준히 노력함에서 나온다."

비폭력 평화운동을 원칙으로 하고, 청년에 대한 교육과 실업 진흥을 통해 조선을 구하자는 윤치호의 생각은 바로 이상재와 YMCA의 지향이기도 했다. 윤치호는 YMCA 부회장과 총무를 역임하고, 이상재와 함께 일제시대 국내에서 기독교 사회운동가로 활동했던 대표적인 인물이다. 윤치호는 이상재보다 15살 아래로, 박정양을 따라 일본 신사유람단으로 갈 때 처음 만나 서로 영향을 주며 같이 활동했다. 독립협회에서 같이 활약하였고, 개화관료로서 국정개혁에 앞장섰다. 하지만 윤치호는 집안이 좋았으며 일본과 미국으로 유학하며 근대 학교교육의 혜택을 많이 받았고, 어학에도 능통했다. 경제적으로 여유가 있었고, 정치적으로도 인맥이 넓어 지원세력이 적지 않았다. 남감리교파 소속으로 선교사들과 친분도 두터웠다. 구한말에는 아버지의 권세 덕분에 여러 번 감옥행을 피할 수 있었다. 그러나 1911년 9월 105인 사건으로 붙잡혀 5년간의 옥고를 치르고 난 뒤에는 YMCA 활동에 주력하고, 이후 개성에서 한영서원과 송도고등보통학교의 교장을 역임했다. 이상재와 윤치호의 친분과 관계는 이상재가 감옥에 있을 때 재판장이 한 이야기에도 잘 드러난다.

"감옥에서 나가고 싶은가."

"나가라면 나가고 있으라면 있을 뿐이지요."

"그러면 보석으로 해 줄 테니, 돈 300원을 낼 수 있는가."

"나는 가난한 사람이라, 한 푼도 없어요."

"그대가 윤치호와 친하니 그에게 보증금을 구해보는 것이 어떤가."

"내 한 몸 편하자고 남에게 돈을 달라 함은 절대로 하지 못할 일이오."

세력가인 윤치호에게 보증금을 구해 나가라는 재판장의 개인적인 제안도 재미있지만, 동료에 대한 이상재의 자존심도 엿볼 수 있다. 결국 이 일을 알게 된 윤치호가 재판소와 교섭하여 이상재는 풀려났다.

이상재의 일생에서 가족을 제외하고 가장 영향을 많이 주고받은 사람을 꼽으라면 박정양과 윤치호와 이승만을 들 수 있을 것이다. 이승만은 만민공동회 일로 이상재가 구금되었을 때 철야농성을 벌였고, 한성감옥에서 이상재의 지적인 성장과 인적 네트워크 형성에 큰 영향을 주었다. 또한 이승만의 『독립정신』 책자를 교정하며 독립운동의 사상적 동지가 되었다. 이후 이상재는 이승만이 하와이 등지에서 해외독립운동을 전개하는 데 가장 강력한 지지 후원자가 되었다. 1910년 이승만에게 귀국을 권유하고, 2년여 간 황성기독교청년회에서 연설가로 대중적 명성과 지지를 얻도록 기회를 마련해 준 사람도 이상재였다. 105인 사건 이후 해외로 도피하도록 도와준 사람도 이상재였다. 이승만의 기독교 교육을 통한 점진적인 실력 양성 및 외교를 통한 독립이라는 이승만의 정치 노선에 무엇보다 공감했기 때문이다.

08 기독교 시민사회운동의 주축

실업교육과 지·덕·체의 발달을 강조

YMCA에서의 이상재의 활동은 교육·청년·기독교라는 세 가지 핵심어로 요약할 수 있다. 조선중앙기독교청년회(이하 YMCA)에서 이상재는 무엇보다 교육에 열심이었다. YMCA는 교육을 위해 1906년부터 청년학관을 설립하여 운영하였다. 이 학관은 중등 수준의 보통교육을 하는 보통과뿐만 아니라 야학과, 영어과, 상업과, 공업과 등의 직업과정을 운영했다. 1920년대 말까지 일제의 정규 학교교육과정에 맞서 대안적인 중등교육기관으로 영향력을 발휘하였다. YMCA 청년학관에서 이상재는 주로 성경을 가르치며 기독교 청년운동과 교육운동을 전개했다.

이상재의 성경 수업에 대한 학생들의 회고는 다양하다. 근엄하고 결기 넘치는 지사로서의 풍모보다는 유머 넘치고 친근한 교육자의 모습을 보여주었다. YMCA 청년학관 출신인 이상범은 이상재가 청년들의 양심을 믿으며 진행한 독특한 시험 감독에 대해 다음과 같이 회고했다.

월남 선생은 성경공부를 시켜주었지요. 학기말이 되어 시험을 치르는데 선생께서 시험지를 학생에게 나누어 주고는 앉아서 눈을 지그시 감고 잠만 자는 거예요. 그래서 학생들은 너나 할 것 없이 성경을 꺼내 베껴 쓰곤 했지요. 시간이 되어 선생은 슬그머니 눈을 뜨시고 "다 베꼈으니 이젠 드려라" 하는 거예요. 학생들이 와락 웃었지요. 하지만 답안지를 들고 선생님께 낼 때 선생님께서는 큰 눈을 부릅뜨고 학생들을 찬찬히 보시는 바람에 학생들은 무서워서 벌벌 떨었지요.

YMCA 청년학관은 기독교 신자들만 다니는 곳이 아니었으므로, 학생들 중에는 성경 수업에 대해 거부감을 가진 사람들도 적지 않았던 것 같다. 그러나 이상재는 종교에 대하여 다소 자유분방한 태도를 지니고, 허용적인 분위기에서 수업을 전개하여 오히려 학생들에게 신앙의 관용적인 힘을 보여주곤 하였다. YMCA 청년학관 출신인 이관구는 다음과 같이 회고하였다.

나는 예수교 신자도 아닌데 예수를 믿으라는 말이 정말 듣기 싫었어요. 더욱이 기도를 할 때는 아멘 하는 소리가 마음에 너무 거슬려서 모두가 머리를 숙이고 있을 때 나는 고개를 세우고 기도를 안 했어요. 월남선생이 "넌 콩나물 대가리야 왜 기도는 안하고 머리를 빳빳하게 세우느냐?" 그래서 선생님은 어떻게 아셨어요 했더니 "나도 눈을 뜨고 보아서 알았지" 해서 다 웃었다.

이상재는 YMCA 청년학관에서 특히 실업교육의 중요성을 강조하였다. 이상재는 미국에서 외교 관리로서 1년여간 체류하면서 가장 감명받은 것 중의 하나가 모든 사람들이 직업을 가지고 땀 흘려 일하며 생계를 유지한다는 것이다. 항산이 있어야 항심이 있다는 말의 실제를 보았던 것이다. 구인환의 『지지않은 청년의 등불 이상재』에 의하면 이상재는 청년들이 힘써 직업 기술을 배워야 한다고 기회 있을 때마다 강조하였다고 한다.

지금 회관이 열리게 되어 직업을 가진 청년은 쉬는 시간에 나와 공업을 배울 수 있으며, 집을 나와도 갈 곳이 없고, 직업을 갖지 않은 청년도 나와서, 지금까지 보지도 못하고 듣지도 못했던 것을 배워서, 물에 적시듯이 좋은 습관이 몸에 익숙하고, 가슴에 막히었던 의혹과 마음속에 쌓였던 나쁜 생각이 안개가 사라지듯이 점점 없어지고, 지혜의 근원이 점차 트이면, 한 개인의 영달과 한 집안의 영락은 말할 것도 없고 위로는 국가의 들보와 같은 구실과 아래로는 사농공상의 여러 가지 직업을 이 청년들로부터 성취하는 것이니, 이것은 비단 오늘만의 우리나라의 문명과 부강의 근본만을 위해서뿐만 아니라 우리나라의 무궁한 복이 아니라고 하겠는가?

YMCA 청년학관에서의 실업교육과 기술교육 강조는 근대교육의 특징이기도 하다. 선교사들이 배재학당에 산업부를 만들어 자급 자립의 정신을 기르고, 유능한 기독교적 시민을 양성하려고 노력한 이후 실업

1920년 제1회 전조선야구대회 개막전에서 시구하는 이상재

교육 및 실업정신의 강조는 기독교계 계통의 교육에서 공통적으로 나타나는 특징이다. 이상재 역시 실업교육 강조의 방침에 적극 동조하여 청년들에게 전문적인 직업 기술교육, 특히 그동안 천시되어왔던 상공업교육을 장려하였다. 일제가 1915년 「사립학교령」을 공포하여 종교교육과 인문 중등교육에 대한 간섭을 강화하자 1916년부터 YMCA 청년학관은 직업교육을 더욱 강조하였다.

직업교육에서는 학생들과 교사들이 합심하여 만든 제품들을 학교·병원·가정 등에 직접 내다팔기도 하고, 기계를 수리하거나 구두를 만들어 배달하는 일도 마다하지 않았다. 인쇄출판, 사진촬영과 현상, 환등과

슬라이드 제작 등의 분야에서는 눈부신 성과를 내기도 했다.

실업교육뿐만 아니라 음악이나 체육에 대한 관심도 지대하였다. 서양 악기 연주와 교육으로 유명한 박서양·김인식 선생을 초빙하여 음악교육에 공을 들였다. 1912년 YMCA 청년학관 중학부에 들어온 홍난파가 음악에 관심을 갖고 공부하기 시작한 계기도 여기서 비롯되었다. 당시 조선에는 몸을 쓰며 하는 일과 운동에 대하여 낮추어 보는 사회적 인식이 있었다. 이러한 인식을 극복하고자 이상재는 나름대로 많은 노력을 기울였다. 그는 지덕체의 균형적인 발달을 강조하면서, 몸은 지와 덕을 담는 집으로서, 집이 건강하지 못하면 파괴된 집과 같이 지와 덕을 담지 못한다며 특히 체육교육을 강조하였다. 야구단을 창설하고 경기장에서 직접 시구하는 모습을 보임으로 운동을 장려하는 한편 직접 청년들과 어울려 스스로 셔플보드shuffleboard 유명 선수로 활약하였다.

한번은 YMCA 청년학관에 다니는 학생이 체육인에 대한 사회적 냉대가 싫다며 학교를 그만두려고 했다. 그 학생은 달리기를 잘하는 육상 선수였는데, 다리를 다 내놓은 짧은 육상 운동복을 입고 달음박질 하며 연습하는 것을 세상 사람들이 조롱하는 것에 자존심이 상했던 것이다. 이상재는 학생을 불러서 네가 잘 뛰는지, 전차가 빠른지 내기를 해서 네가 이기면 학교를 그만두어도 좋다고 말했다. 학생은 할 수 없이 시내를 달렸고, 이상재는 전차를 타고 가면서 학생을 응원하였다. 백발의 노신사가 전차 안에서 밖에 달리는 청년을 보고, "허허 전차보다도, 호랑이보다도 더 빠르네"라면서 감탄을 연발하고 청년의 기개를 높이 칭찬하자 사람들은 밖을 보며 청년의 기개와 달리기 실력에 박수를 보내며 환호하였다. 청년은 의기양양하여 다시 청년학관을 열심히 다니며 육상 연습에 적극적이었다.

....
이상재의 인품
....

YMCA 시절의 이상재의 인품과 생각을 엿볼 수 있는 일화는 많다. 유머 넘치는 교육가의 모습, 일제 지배의 부당함을 촌철살인의 한 마디로 지적하는 예리함, 독립에 대한 열망을 가장 중심에 놓고 생각하며 실천하는 시민운동가의 모습을 보여주는 것들이다.

1916년 미국의 유명한 인류학자 프레데릭 스타Star 박사가 방한하여 YMCA 학관에서 강연하였다. 스타 박사는 강연에서 "인류 역사를 돌이켜 볼 때 반드시 약한 민족이 강한 민족에게 완전히 지배당한 예는 없습니다. 큰 고목이 넘어졌지만 그 뿌리에서 싹이 나오는 것처럼 약한 민족은 다 죽은 것 같지만 다시 소생할 날이 있는 것입니다"라며 독립운동에 대한 강한 지지 발언을 하였다. 그리고 이상재를 만나 이야기를 나누고 그의 인품을 존중하게 되었다. 1920년에 다시 스타 박사가 방문하자 이상재는 환영회를 개최하였다. 환영자리가 무르익어 10시를 넘어서자 스타 박사는 잠자리에 들 시간이라며 자리에서 일어나려고 하였다. 그러나 이상재는 "로마로 가면 로마법대로 하라는 격언이 있는데, 당신이 조선에 오면 조선에 따라야 할 것이다. 도쿄를 표준으로 한 시간은 지금 10시이나 조선을 표준으로 하면 아직 10시 30분 전이니 조금 더 있다 가시지요"라며 만류하였다. 그러자 스타 박사는 "일전에 숙소문제로 심

이상재

야에 이 선생을 찾아가 괴롭힌 적이 있는데, 오늘 30분을 선생에게 드림으로써 그때의 미안함을 대신하려 한다"고 답하였다. 이들의 품격있는 대화는 『개벽』잡지에 소개될 정도였다.

한번은 일본군사령관의 집으로 초대받은 적이 있었다. 사령관은 감기에 걸려 몸이 좋지 않다면서 엄살을 피웠다. 일본군 사령관이 조선인 인사들을 집으로 초대하여 거절하지 못해 예의상 참석한 마당에 손님을 청해놓고 몸이 아프다면서 엄살을 피우자 이상재는 비위가 상했다. "사령관님은 천하에 무서울 것이 없는데, 그 감기는 대포로 쏘아 죽이지 못하는가 보오"라며 총과 칼을 앞세운 일본 제국주의를 질타했다. 일본군 사령관은 쓴웃음을 지을 수밖에 없었다.

손자의 졸업식에 참석하여 축사를 하면서도 이상재의 기지와 의연함은 여전하였다. 당시 졸업식의 풍경을 묘사한 『개벽』에 실린 글에 이상재가 등장한다.

배재고등보통학교 졸업식, 3월 4일 오후 3시. 장소는 정동예배당. 학교에서 공부하고 예배당에서 졸업증을 받는다. 이것은 참 이상하게 보이지만, 이상할 것도 없이, 서양인 경영의 기독교 학교는 이런 예가 많다. 남자 내빈보다 여자 내빈이 많은 것이 정동의 졸업식 특색이다. 정각이 되자 졸업생을 선두로 학생들이 우당탕탕 들어온다. 졸업일이요 승급일이라 모두 즐거운 모습이다.

교장 아펜젤러씨가 대학모와 예복을 입고 엄숙하게 등장한다. 기미가요를 부르며 시작하는 대신 찬송가를 부르며 시작한다. "찬송가 제5장으로 개식합시다"라고 하자 "할렐루야" 소리가 장내를 진동한다. 이어 기도가 시작되었다. 총독 대리와 지사 대리가 식장에 나오자, 황급히 단상 정면으로 모신다. 기독교 예식이 갑자기 일제식으로 바뀌어 기미가요를 부르고 교육칙어를 낭송하는 순서를 진행한다. 그러자 갑자기 어떤 학생이 성난 목소리로 "교장!"하고 고함을 지른다. "앞날이 구만리 같은 우리 학생들이~~"라며 일장 연설을 하자 일제히 그쪽으로 시선이 쏠리고, 기다렸다는 듯이 형사들이 달려들어 붙잡으려고 활극이 벌어진다. 엄숙하던 식장은 일시에 긴장이 흐르고 아수라장이 되었다. 장내가 다시 조용해지자 선생이 나서서 내빈에게 사과말씀을 하고 식순대로 졸업증서 수여, 상품 수여, 교장 훈사, 총독 및 지사의 말씀, 내빈축사, 졸업생 답사 등을 진행했다.

그런데 여기에서 기억이 남는 것은 교장 아펜젤러씨의 유창한 조선어이다. 교장식 훈사를 집어치우고 지루하지 않도록 "많은 황금을 자식에게 물려주는 것이 책 한 권 물려주는 것보다 못하다", "옥을 쪼지 않으면 그릇을 이루지 못하듯이 사람이 배우지 않으면 도를 알지 못한다"라는 동서양의 교육 표어로 끝을 맺어 훈화 만담보다 의미 깊었다. 그리고 내빈축사로 이상재 노인이 나와 "나는 일본말을 모르니 부득이 조선말로 할 수밖에 없소. 그런데 대관절 여러분들은 조선말을 들을 줄은 아시오"라며 의미심장한 한 마디를 던지며 연설을 시작하자, 장내는 웃음판이 되었다. 얼마나 유쾌한 풍자인지 모두 새 주사를 맞는 느낌이었다. 이어 대리로 등장한 조선인 참여관의 연설에 사람들은 옆구리를 찌르고 입을 틀어막으며 웃음을 참느라 야단이다. 다이쇼우大正(일본의 연호)와 다이소우體操(체조), 쿄우이쿠敎育(교육)와 규우니쿠牛肉(소고기)도 구별 안 되는 일본어 발음으로 띄어 읽기도 제대로 못하면서 훈시문을 읽어나가자 "어쩌면 저렇게 일본어를 잘하느냐"며 수군거리며 고소해하였다.

일제강점 이후 불안한 마음에 일신의 안녕을 위해 기독교로 의탁하던 흐름이 수그러들고, 105인 사건을 계기로 기독교의 지도력에 공백이 생겼음에도 이상재의 YMCA 활동은 기독교 세력의 든든한 버팀목으로 자리잡았다. 그의 인품에 감동한 선교사들은 한국의 톨스토이라고 칭송하고, 한국 기독교 세력을 대표하는 인물로 꼽았다.

조국을 짊어지고 나갈 청년 인재의 교육

그러나 이상재가 기독교 청년운동과 실업 및 체육 등의 교육을 통한 시민운동에만 주력하는 것에 대한 비난도 적지 않았다. 이상재와 YMCA가 일제와의 직접적인 대결을 피한다는, 즉 일생 소나기를 피해 다닌다는 비난이었다. 어느 날 YMCA 청년학관에서 공부를 하고 있는데 밖에서 총소리가 났다. 놀라서 밖을 보니 시골 노인이 소를 끌고 장에 가다 일본 순사가 쏜 총소리에 놀라 혼비백산하고 있었다. 소도 놀라 달아나자 시골 노인은 소를 잡아달라고 소리치면서 울부짖었다. 학관의 청년들이 밖으로 뛰어나가려고 했으나 이상재는 찬송가를 부르며 계속 공부하기를 독려하였다. 조선 백성의 처참한 상황에 대해 누구보다 마음 아파했으나 자중하며 우선 실력을 기를 것을 당부한 것이다. 이러한 처신에 대해 비판적인 사람들은 특히 3·1운동에서 이상재가 민족대표로 나서지 않았으며, 그 역할에 대해서도 의문을 제기한다.

불교계를 대표하는 한용운에 관한 일화에 의하면, 한용운은 이상재의 장례 때 장례준비위원에 자신의 이름이 있다는 것을 알고 찾아가 자기 이름을 박박 지워버렸다고 한다. 얼마나 힘주어 지웠는지 펜촉이 부러지고 종이가 찢겨나갈 지경이었다고 한다. 이유인즉 3·1운동 당시 이상재가 독립선언서에 서명을 거부했기 때문이라고 한다.

사실 이상재는 천도교·기독교·불교계 인사들이 회동하여 3·1독립선언문 발표를 준비할 때 앞장서서 참가하는 것을 꺼려 하였고, 민족대표로 이름을 올리지 않았다. 그러나 이상재는 3·1운동과 관련하여 3개월 동안 옥고를 치렀고, 모든 책임을 본인이 떠안으려 하였다. 또 해외에 있는 독립운동 세력인 이승만에게 3·1운동 관련 자료를 비밀리에 내보내 해외 독립운동 세력들이 연대하고, 국제외교에 활용하도록 하였다.

이상재는 도쿄 조선유학생학우회가 1919년 1월 도쿄 기독교청년회관에서 웅변대회를 열고 독립을 위한 구체적인 운동을 시작해야 한다고 결의하고 독립선언문을 준비하여 2월 8일 발표한 것을 알고 있었다. 유학생들이 기독교청년회관에서 독립을 위한 구체적 준비를 하자고 의기충만할 수 있었던 배경에는 미국 대통령 윌슨Thomas W. Wilson(1856~1924)

이 민족자결주의를 발표하고, 윌슨과 교분이 있는 이승만이 한국 독립에 대한 미국의 지원을 요청하는 청원서를 미국 정부에 제출하고, 세계 약소민족대표자회의에 참석하여 발언할 것이라는 소식이 전해졌기 때문이다. 국내에서 이승만의 해외활동을 정신적으로나 물질적으로 가장 충실히 지원하며 지속적으로 연락하고 있던 이상재는 이러한 동향을 파악하고 자중하고 있었다고 보아야 한다.

독립선언문을 작성하여 발표하기로 계획하고 있을 때, 가능한 한 나라 안의 많은 원로들이 참여하도록 접촉하여 의견을 묻기로 했다. 박영효·한규설·이상재 등을 접촉하였는데, 대부분의 사람들은 병을 핑계 대거나, 시기가 좋지 않다며 참여를 꺼려 하였다. 이상재는 "천도교 측에서 나선다면, 나는 기독교도들을 동원해 주겠다"며 천도교에서 주도적으로 세력을 규합하도록 하였다. 사실 당시 가장 강력한 대중 동원력과 자금력을 지니고 있는 종교 세력은 천도교 쪽이었다. 105인 사건을 비롯하여 노골적인 탄압을 받고 있던 국내 기독교운동 세력은 실력을 길러 후일을 기약하고, 또 선교사들의 도움을 얻어 외교적인 방법으로 독립을 도모하는 것에 주력하고 있었다. 이상재는 일본 경찰의 심문과정에서는 독립선언문에 기독교 대표로 서명하지 않은 것은 "독립은 찬성하나, 늙었고 방법에 동의하지 않아 청원서에 서명하지 않았다"라고 그 이유를 밝혔다. 그러나 사실은 기독교 측에서 이상재에게 대표로 나서 줄 것을 요청했다. "나보고 대표로 나서라고 했으나, 나는 반대했다. 천도교 측과 연합하기로 했는데, 나는 지위도 명망도 없는 사람이요, 의암 손병희는 천도교 교주요, 또 재정도 거기서 나오므로 그를 대표로 하는 것이 도리상 옳다고 주장하고, 나는 뒤에 할 일이 많이 있었으므로 서명하지 않았다"고 그 속사정을 밝혔다.

이상재는 경찰 조사과정에서는 처벌받을 것을 전혀 두려워하지 않고 의연하게 대응했다. 독립선언문에서는 서명하지 않았으나 대중적 시위인 3·1운동은 자기가 모두 주도했다며 주장했다. 검사가 고문 도구를 열거하며 위협을 가하자 "너는 부모도 없느냐? 너희는 늙은 부모도 해치느냐?"며 꾸짖었다. 심문을 시작하자 한쪽 손바닥을 내밀며 검사더러 손바닥을 맞닿아보라고 했다. 영문을 모르는 검사가 손바닥을 대자 곧이어 떼고는 "손바닥도 한 번 붙으면 떼는 것이 순리이거든 하물며 일본과 조선의 합병도 언젠가 떨어지는 것이 순리다"며 심문에 응했다. 심문에서는 하느님이 시켜서 자기가 혼자서 독립적으로 했노라고 시종일관 대답했다.

경찰　　처음 누가 주도했는가.

이상재　우리 조선 2천만 민족이 다같이 했다.

경찰　　아니 누구의 지시로 시작했는지 말하라.

이상재　하나님의 지시로 했다.

경찰　　당신이 주도한 것이 아닌가.

이상재　나도 했다.

경찰　　누구랑 같이 했는가.

이상재　누구랑? 독립운동은 말 그대로 혼자 하는 것 아닌가?

경찰　　무슨 내막이 있을 것 아닌가?

이상재 무슨 내막이 있겠는가? 수많은 경찰과 형사들이 전국에 거미줄
처럼 있어, 무엇을 하려고 하도 샅샅이 백일하에 다 드러나게 되
어 있는데, 무슨 내막이 있겠는가? 있다면 알고 있을 텐데, 나에
게도 좀 알려달라.

사실 이상재는 독립선언문을 작성하는 비밀 모임에 주도적으로 참가
하지는 않고 다만 참여를 권유받는 수준이었고, 회합과 준비를 인지하
고 있었던 것 같다. 적극적으로 앞장서는 것보다 뒤에서 3·1운동 이후
국내외 독립운동이나 시민사회운동의 전개에 대해 대비하고 있었다. 국
내외 종교 및 계파를 불문하고 신망받는 지도자였던 이상재는 뒷일을
도모하는 소임을 자처했던 것이다.

이상재가 YMCA 청년학관에서 청년교육에 주력한 것은 교육에 대
한 신념 때문이기도 하지만 청년에 대한 각별한 희망 때문이기도 했다.
YMCA 활동에서 동반자였던 윤치호는 이상재의 사후에 『삼천리』라는
잡지에서 이상재의 기독교 청년활동에 대해 다음과 같이 평가했다.

62세 때 기독청년회의 종교부장에 취임한 것을 비롯하여, 71세 때에는
조선기독교청년연합회 위원장을 역임하였다. 74세 때에는 베이징에서
열린 만국청년회 대표로 노구를 이끌고 참석했으며, 78세에 이르기까
지 실로 약 30년간을 꾸준히 기독교 청년 활동을 위하여 헌신하였다. 그
동안 강단에서 혹은 거리에서 침식을 잊고 열심히 포교에 전력한 공적은
세상이 다 아는 일이다. 여명기의 조선에서 종교 방면을 통해 조선인의

행복 증진에 위대한 공헌을 한 제 일인자는 선생이시니, 오늘날 장로교 신도만 25만 명을 헤아리는 성황을 이루게 된 것은 선생의 공로가 많다.

청년들과 장기를 둔다던지 농담을 하며 친하게 지내는 이상재를 보고, 주변에서 청년들과 격의 없이 지내면 청년들의 버릇이 나빠진다고 우려하였다. 그러나 이상재는 오히려 "청년보고 노인이 되라고 할 수는 없지 않은가? 늙은 내가 먼저 청년이 되어야지"라며 응대하였다.

이상재는 특히 청년에 대하여 강조하여 「청년에게 고함」이라는 글을 남겼고, 또 『조선일보』 사장을 역임하던 1926년에 「조선 청년에게」라는 육성 메시지를 녹음하여 남겼다. 조선의 희망이 청년임을 누누이 강조하며 청년에 대한 자신의 생각을 솔직히 드러내었다.

조선 청년에게(일동축음기, 1926. 11)

내가 조선 청년에 대해서 세 가지 생각이 있다. 첫째는 조선 청년에게 아주 열렬히 희망하는 것이 있고, 둘째는 조선 청년에게 지금의 현상을 보고 아주 비관하는 일이다. 셋째는 결국 낙관하는 일이다.

조선 청년에 대해서 희망이 크다고 하는 것은 무엇보다 조선 청년은 도덕상 지식이 있는 청년이라는 점이다. 사천년 내려오면서 습관이던, 도덕심을 길러 온 까닭이던 도덕에 대해 알고 있다. 지금 세계는 점점 악화되어 도덕이 없어지고 모두 물질만 추구하여, 남을 사랑하지 않고 이기적이다. 군대니 총칼이니 군함이니 하는 것은 모두 남을 죽이고 나만 잘 살자는 것을 목적으로 할 뿐, 백성에게 이익되게 하려는 마음이 없다.

조선 청년은 본래 어려서부터 남과 싸우지 마라, 남을 해치거나 해롭게 하지 말라, 아무쪼록 남을 도와주라, 어려운 일이 있더라도 참고 남에게 해롭게 하지 말라고 가르침을 받아 자라서도 변하지 않는 도덕심이 있다. 이는 하늘이 내린 도덕심이다. 앞으로 세계는 사람 죽이기 잘하는 사람보다 사람 살리기 좋아하는 사람, 남을 때리는 것 싫어하는 도덕심 있는 조선 사람이 세상을 안정되게 할 것이다. 지금 조선 청년은 가장 사람 죽이기 싫어하는 청년, 도덕심 있는 청년이다. 이 세계의 불량한 것을 모두 통일해서 안정시킬 사람이 조선 청년이니, 내가 제일 큰 희망을 가지는 것이다.

그러나 둘째 비관이라고 하는 것은 최근 외국이나 천지사방에서 들어오는 나쁜 습관이 있어 조선 청년의 도덕심이 조금씩 조금씩 변해간다는 것이다. 심지어 어떤 청년은 "우리도 비행기를 남보다 더 높이 띄우고, 군함이나 대포나 총을 남의 무력보다 몇 배로 해서, 이 세상의 악한 놈을 모두 불태워 없애야 한다"는 생각을 한다. 성경의 말씀과 같이 세상에 악으로 악을 이기는 법은 없다. 많은 사람을 죽이고, 죽이는 사람이 어떻게 능히 이길 수 있겠는가. 악으로 악을 이기는 것이 아니라 세상은 반드시 선으로 악을 이기는 것이다. 요즈음 조선 청년 사이에서도 나쁜 풍조에 끌려 악한 생각을 하는 이가 많은데, 그게 조금만 확장되면 조선도 같이 따라 망하게 될 것이다. 그러니 이것이 비관적이다.

마지막으로 낙관하는 것은 하나님이 이 세계를 온전한 세계로 만들고자, 제일 약하고 적은 조선을 택하고 또 도덕심 있는 조선 청년을 택하였다. 아무리 사람의 힘으로 애를 써도, 결국에는 하느님의 뜻대로 이루어질 것이니, 내가 가장 낙관하는 것이다.

세상에는 당장 내일의 희망이 안 보이는데, 비관하느냐 낙관하느냐 소리만 크게 지른다고 해서 되는 것은 아니다. 오랜 옛날부터 동서양의 역사에서 악한 사람이 세상에 성공한 법은 없고 결국에는 선한 사람이 성공하였다. 이런 까닭에 나는 처음 희망이 있다가, 중간에 비관이 있다가, 끝에 가서 크게 낙관하는 것이다.

아이러니하게도 60세 넘은 노인이 청년운동을 주도적으로 전개하며 청년회를 이끌고 있었다. 또한 이상재는 비폭력 평화주의자였다. 기독교라는 종교운동에 매진한 것도 평화라는 가치를 추구하기 위해서였다. 윤치호는 『삼천리』에 이상재의 종교관을 소개하며 그가 평화주의자임을 강조하였다.

세상 사람들이 추구하는 것은 모두 다르다. 어떤 사람은 권위나 세력을 추구하고, 또 어떤 사람은 돈이나 명예를 추구한다. 모든 것이 귀하지만, 이 모든 것을 갖추고도 만일 하나가 없다면 모두 헛된 일이다. 그것이 무엇이냐 하면 바로 평화이다. 국가나 사회나 가정 모두 평화가 없으면 결국에는 모두 파멸하고 말 뿐이다. 마태복음 12장 25절 예수께서 그들의 생각을 아시고 이르시되 스스로 분쟁하는 나라마다 황폐하여 질 것이요 스스로 분쟁하는 동네나 집마다 서지 못하리라 라는 말씀을 기억해야 한다.

조선 청년에게 기대하고, 비관하고, 낙관하는 이유가 전쟁에서 싸움을 싫어하고 사람을 살리기 좋아하는 도덕심이 있기 때문이라고 밝혔듯이, 평화가 인류 공생의 지향가치라고 생각했다. 조국을 짊어지고 나갈 청년 인재를 특히 아꼈다. 누군가 유학을 하고 오거나 무엇이든 성과를 내면 그것을 귀하게 여겨 품으려고 했다. 공자도 어떤 사람이 되길 소원하는가 라는 제자의 물음에 노인에게는 편안함을 주고, 친구에게는 신뢰를 주며, 젊은이는 품어주는 사람이 되고 싶다고 말했다. 이상재는 나이·신분·지위 할 것 없이 자기보다 어리거나 젊은 사람을 품어 사랑으로 밀어주는 사람이고자 했다. 이런 점에서 그는 스스로 영원한 청년이면서, 모든 젊은이들의 스승이었다.

교육운동에 적극적으로 나서다

이상재는 청년운동뿐만 아니라 소년운동에도 관여해 오늘날의 보이스카우트에 해당하는 소년척후단조선총연맹의 초대 총재를 역임했다. 본래의 순수한 취지와 교육방법을 지키고자 하는 입장과 교육이념과 방법을 조선의 실정에 맞도록 바꾸고자 하는 입장으로 나누어져 있던 것을 통합하여 1924년 3월 소년척후단으로 발족시켰다. 조선척후단의 전신인 조선소년척후대를 창설하고 소년척후단으로의 통합에 관여했던 정성채는 당시 이상재의 교훈을 『동광』에서 다음과 같이 회고하였다.

월남선생께서 내게 주신 감화를 평생 품고 지내려 합니다. 소년척후연맹의 총재이셨던 그는 내게 이런 말씀으로 늘 깨워 주셨습니다.

"착한 일을 방해하려고 싸움하러 덤비는 자는 미친 개와 같으니, 사업은 뒤에 두고 미친 개와 상대하여 싸움하는 자도 역시 같이 미칠 것이다. 일하는 자는 오직 그 사업에 충실하여 전력을 들이면 방해자는 자연히 물러갈 것이다"

이상재의 전국적이고 본격적인 교육운동은 3·1운동 이후 조선교육협회를 결성하고 민립대학설립운동을 전개하는 것으로 나타났다. 3·1운동 이후 교육은 마치 모든 사람들에게 신앙처럼 열성적인 추진 대상이 되었다. 민중들 사이에서 자녀를 학교에 보내려는 학교 교육 열기가 굉장하였고, 뜻있는 사람들 사이에서는 학교 설립을 통해 교육기회를 확대하고 학교 교육제도를 개선하려는 교육진흥 움직임이 활발히 나타났다. 대표적인 것이 조선교육협회의 결성과 민립대학설립운동의 전개이다. 이외에도 문맹타파운동이나 각종 학교설립운동 등의 교육진흥운동이 전개되었다.

조선교육협회는 1920년 6월 이상재·윤치호 등이 창설하기로 논의하기 시작하여, 1920년 11월 26일 서울에서 창립 총회를 개최하였다. 이때 회장으로 이상재를 뽑았다. 조선교육협회는 한국인의 급무가 교육임을 계몽하고 교육에 관한 모든 문제를 해결하는 것을 목적으로, 교육에 관한 조사연구, 교육 잡지 발행, 교육 공로자 표창, 도서관 경영, 기타 교육 보급에 필요한 사항을 사업 내용으로 하였다.

잡지 『개벽』에는 조선교육협회 설립 및 운영 사정을 자세히 소개하고 있는데, 조선교육협회 활동에 대한 당시 사람들의 시각과 기대를 보여준다.

조선교육협회는 이상재·한규설·유진태 등 기타 교육관계자 80여 인이 발기하여, 처음에는 조선교육회라는 명칭으로 당국에 인가원을 제출하였다. 그러나 당국에서는 그 규약의 내용을 수정하게 하고 또한 명칭도 조선교육협회로 고쳐서 겨우 인가해주었다. 수표동 42번지에 있는 건물은 이 회의 고문인 한규설씨가 기부한 것으로, 교육을 장려하는 의미로 고학생에게 무료 대여하고 수도 전등까지도 무료 사용하게 함으로 100여 명의 고학생으로 붐빈다. 회원 수는 2천여 명 정도이고, 기관지로 『신교육』을 발행하려 하였으나 당국의 불인가로 허사가 되었다.

우리는 안락하게 지내며 세월을 보내는 고문이 기부를 좀 더 하고, 두 귀축 처진 흔들뱅이 방한모를 쓰고 찬미가에 열중인 회장님과 흔들흔들하는 큰 키에 구부정한 허리로 긴 담뱃대를 빼물고 돌아다니며 귀족들과 출입하는 이사장에게 힘을 좀 더 써서 이 회의 목적을 달성하도록 노력하길 기대한다.

이 내용은 조선교육협회가 일제의 여러 간섭과 통제로 분명한 활동 없이 유명무실하게 되거나 단지 이름만 걸어 놓는 명망가들의 집합소에 그칠까 우려하고 있다. 조선교육협회는 이상재의 지도 아래 약 10년간 활동하면서 민립대학설립운동 주도, 50여 회의 전국순회강연, 『노동독본』 등의 책자 간행, 고학생 숙소 운영 등 활발한 활동을 하였다. 그러나 유지가의 기부 외에는 특별한 재정 수입이 없어 한규설이 기부한 회관이 수차례 저당 잡히는 등 만성적인 재정난에 시달렸고, 1927년 이상재 사후에는 독단적 운영과 재정 문제로 내분을 겪다 유명무실해져 버렸다. 하지만 조선교육협회에 대한 사람들의 기대를 바탕으로 민립대학 설립을 적극 추진하고 사립학교 설립을 권장하며 1920년대 초반 교육에 대한 조선인의 열망을 대변하려고 노력하였다.

민립대학설립운동의 전개

민립대학설립운동은 3·1운동 이후 조선인의 교육열이 비약적으로 높아지고, 교육수준도 향상되어 대학 교육에 대한 열망이 표출되는 것이 배경이 되었다. 그리고 일제가 1922년 「조선교육령」을 개정하여 한국에서도 고등교육기관인 대학 설립이 가능했기 때문에 시도되었다. 민립대학설립운동은 조선교육협회와 별도로 추진되었으나 조선교육협회 건물에 사무실을 두었고, 조선교육협회 임원진 대부분이 민립대학설립기성회에 적극 참여하여 실질적으로는 조선교육협회의 주도로 전개되었다고 할 수 있다.

민립대학설립운동은 가능한 한 조선 전체의 많은 사람들의 힘을 결집하여 민립대학을 설립한다는 취지로 발기인을 모집하여 1923년 3월 29일 조선민립대학설립기성회 발기총회를 개최하였다. 이 자리에서 이상재는 의장으로 선출되었다. 이상재는 민립대학발기취지서나 민립대학설립계획서 등을 채택하여 민립대학설립운동을 본격적으로 시작하였다. 민립대학발기취지서에는 조선에서 대학이 설립되어 인재양성과 민족 문화 창조 및 발전의 역할을 수행해야 한다며 대학 설립의 필요성 및 대학의 역할을 강조하였다.

교육에는 단계와 종류가 있다. 민중의 보편적인 지식은 보통교육에 의해 받을 수 있지만, 심오한 지식과 깊이 있는 학술 이론은 고등교육에 기대하지 않을 수 없다. 사회 최고의 능력과 행동력을 갖춘 인물을 양성하고자 한다면, 무엇보다도 최고학부를 둘 필요가 있다. 뿐만 아니라 대학은 인류의 발전과 참으로 중대한 관계가 있으므로, 문화의 발달과 생활의 향상은 대학이 생겨나기를 기다리고서야 비로소 기획하고 또 얻을 수 있다. 이제 우리 조선인도 세계의 한 부분을 차지하는 문화민족의 일원으로서, 다른 사람들과 어깨를 나란히 하며 우리의 생존을 유지하고 문화 창조와 향상을 꾀하고자 한다면 대학을 설립해야 한다.

조선민립대학설립기성회에서는 대학 설립을 위해서 총사업비 1,000만 원을 3년간 분할하여 모금하기로 계획하였다. 또 1기에는 400만 원으로 대지를 구입하고 교실·대강당·도서관 등을 건축하고, 법과·경제과·문과·이과의 4개 대학 및 예과를 설치하며, 2기에는 300만 원을 모금하여 공과를 세우고, 3기에는 300만 원으로 의과와 농과를 설립하여 명실상부하게 각 학문 분야를 망라하는 종합대학을 설립하며, 그 이름은 조선민립대학으로 하기로 계획하였다.

계획에 따라 모금을 위한 중앙조직을 편성하고, 이어 지방부를 조직하기 시작하였는데 전국에 100여 개소의 지방부가 생기고 해외에서는 만주 간도와 펑톈, 미국 하와이 등에서도 지방부가 조직될 정도로 민립대학설립운동은 활기를 띠었다. 이상재는 설립 기금 모집을 위해서라면 혼신을 다하였다. 마침 하와이 교민들의 기금으로 설립되어 이승만이 운영하는 하와이 한국인 학교 남녀학생이 고국방문단을 조직하여 YMCA를 방문하고 돌아가면서 이상재에게 하와이에 와서 모금을 하도록 초청하였다. 그러나 이상재는 "일본 정부가 내주는 여권으로는 천당에라도 가지 않겠다"며 거부하였다. 조선 민중의 십시일반으로 설립 운영될 민족 최고의 민립대학 설립에 일본 정부의 압력과 간섭을 받고 싶지 않았던 것이다.

민립대학설립운동은 일제의 집요한 모금 방해 공작과 경성제국대학의 설립 추진, 1923년부터 거듭된 수해와 가뭄 등의 재해로 인한 지지부진한 모금 등으로 실패하고 말았다. 또 유지들과는 달리 민중들은 능동적인 참여태도를 보이지 않았고, 심지어 대학 설립이라는 목표와 모금에 의한 대학 설립이라는 운동 방법의 부적절성에 대한 반대도 제기되었다. 1923년의 전조선 청년당 대회에서는 "1천만 원으로 한 개의 대학을 세울 것이 아니라 그 돈으로 대중교육의 보편화에 힘쓰는 것이 옳다"며 민립대학설립운동 타도를 결의하였다. 결국 민립대학설립운동은 대학 설립 신청조차 하지 못하고 막을 내렸다.

지지부진한 모금 상황과 일제의 경성제국대학 설립으로 실의에 빠져, 누군가 "아! 보기 싫어. 저 민립대학기성회 간판이라도 그만 떼어버려야지, 되지도 않을 대학기성회 간판을 걸어두면 무엇하겠는가"라며 투덜거렸다. 그러자 이상재는 "그래도 간판이라도 두고 봅시다"라며 스스로를 위로하였다. 그러다 경성제국대학 개교식에 참여해 달라는 초청장을 받자 "오늘이 우리 민립대학 개교식 날이니 모두 함께 가보기로 합시다"라며 발기인들과 기금 모집원들에게 참석을 독려하였다. 모두들 기가 막혀 하자 이상재는 "이 사람들아, 저놈들이 우리나라에 관립 대학이라도 세워 줄 만한 놈들인가? 그나마 우리들이 민립대학을 세우겠다고 뛰어다니니까 그걸 방해할 목적으로 관립대학을 세운 것이지. 그러니 저들이 물러가면 대학은 곧 우리 것이 될 거야"라며 의기양양하게 격려하였다. 해방 후 경성제국대학은 민족 최고의 학부로 거듭나는 바탕이 되었고, 민립대학 설립을 위해 모은 기금은 오늘날 고려대학교의 전신인 보성전문학교에 전해져 우리나라 고등교육 발전의 거름이 되었다.

이상재는 3·1운동 이후 분출된 교육열을 바탕으로 조선교육협회를 조직하고, 민립대학설립운동에 앞장섰다. 대학교육에 대한 조선인의 열망이 일제에 의해 왜곡, 굴절되어 버렸지만 1920년대 교육진흥운동에서 그의 역할은 계몽된 조선인을 만들려는 이상재의 오래된 꿈을 위한 것이자 조선 민중의 기대와 희망을 따르고자 한 노력이었다.

10 새로운 기독교 운동단체

....
홍업구락부의 결성
....

1920년대 중반 들어 기독교 계열의 독립운동 세력은 크게 두 갈래로
나뉘어 조직화 되었다. 이승만 계열의 홍업구락부 결성과 안창호 계열
의 수양동우회였다. 안창호 계열은 서북 지방의 기독교 세력을 기반으
로 1926년 1월 수양동우회를 조직하였다. 수양동우회는 도산 안창호의
무실역행 이념을 실천하는 수양단체였으나 사실상 홍사단 계열의 민족
독립운동단체였다. 수양동우회는 안창호와 홍사단의 한국지부를 조직
하기로 논의하고 귀국한 이광수가 주도하여 1921년 만든 서울 지역 중
심의 수양동맹회와 김동원 등이 결성한 평양 지역 중심의 동우구락부
를 통합한 것이다. 수양동우회는 이상촌 건설 등 농촌운동과 협동운동
을 전개하였고, 기관지로 『동광』을 발행하는 등의 활동을 전개하였다.
수양동우회는 1937년 8월 경성지회 55명, 11월 평양선천지회 93명,
1938년 3월 안악지회 33명 등 모두 181명의 회원이 경찰에 붙잡혀 조

사를 받았다. 그 여파로 강제 해산당하고 재산은 국방헌금 명목으로 환수되었다.

이승만 계열은 YMCA 활동가를 중심으로 1925년 3월 흥업구락부를 조직하였다. 이승만이 지휘하는 재미 한인단체 동지회의 국내 자매단체 성격의 조직이었다. 안창호 계열이 1920년대 초부터 수양동맹회와 동우구락부 등으로 조직적으로 결집하고 있는 상황을 다분히 의식한 면도 있었다. 말년의 이상재는 흥업구락부 조직과 운영에 깊숙이 관여하여 흥업구락부의 초대 회장이 되었다.

흥업구락부의 시작은 1921년 신흥우가 하와이 호놀룰루에서 열린 제1회 범태평양교육대회에 한국대표로 참석했다가, 이승만을 만나 비밀단체를 만들기로 협의한 것에서부터 출발한다. 국내산업의 발달, 물산장려운동의 전개, 독립운동의 재정적 지원 협조 등을 목적으로 만들었고, 정치운동단체의 성격을 지향하였다. 따라서 엄격하게 회원들을 관리하였는데, 회원의 추천을 받은 인물에 한정하여 회원 전원의 동의로 가입하도록 하였다. 회원 동의는 가입에 찬성하면 흰 바둑알을 넣고, 반대하면 검은 바둑알을 넣도록 하여 검은 바둑알이 한 개라도 있으면 회원이 될 수 없도록 하는 독특한 방식의 회원투표를 통해 이루어졌다.

회원으로는 윤치호를 비롯하여 신흥우·구자옥·유성준 등 YMCA 관계 인사, 변영로·유억겸·이춘호·최현배·이만규 등 교육 및 학계 인사, 장두현·김윤수·최남·이정범 등 경제계 인사, 최두선·김동성·이관구·이상협 등 언론계 인사, 송진우·조정환·김준연·변영태 등 정치계 인사 등으로 다양하게 구성하였으나 지역적으로 기호지방 출신이 대세를 이루었다.

홍업구락부는 조선의 산업과 상업 발달을 위해 조선인 상공회를 조직하여 상공인 운동대회 개최를 지원하였고, 경기도 연천에 대규모 농장을 하였다. 수양동우회와는 달리 신간회 활동에도 적극 참여하여, 이상재가 신간회 회장을 맡게 되었다. 그러나 1930년대 들어 종교인 중심의 순수 기독교 사회운동을 추구하자는 쪽과 실력양성 운동을 다시 추진하고 신간회의 민족연합전선에 적극 참여하여 민족독립운동 단체로서의 성격을 강화하자는 쪽으로 의견이 나누어지는 등 내부 분열을 겪기도 하였다. 그러다가 1937년과 1938년에 걸친 회원들의 대대적인 검거와 치안유지법 위반으로 구속된 홍업구락부 사건을 계기로 강제 해산되었다.

이승만에 대한 지원

이상재에게 홍업구락부는 그 자체로서도 의미를 지니지만 이승만과 오랜 관계를 조직적으로 연계하고 확고히 하는 계기가 되었다. 이상재의 회장으로서 공식적인 홍업구락부 활동은 길지 않았지만, 홍업구락부의 모태가 되는 기호 지역의 기독교계 인맥과 활동을 하와이에서 활동하고 있는 이승만과 연결시키는 노력은 이상재의 YMCA 활동 초창기부터 지속되어 왔다. 다른 한편 이승만에게 홍업구락부는 이상재·신흥우·윤치호·유성준 등의 국내 활동가들과 조직적이고 지속적으로 교류할 수 있는 합법적인 틀이었고, 이때 형성된 인맥은 해방 후 이승만의 강력

이상재와 YMCA 지도자들

한 국내 지지기반이 되었다.

이승만은 수시로 외교를 통한 해외독립운동에 필요한 자금을 부탁하는 편지를 이상재에게 보냈다. 이상재는 가능한 한 재정적 지원을 아끼지 않았다. 뿐만 아니라 3·1운동 직후의 일처럼 국내의 상황이나 정세에 관한 정보도 보냈다. 나아가 이승만이 정치적 위기나 독립운동가들 사이에서 내분을 겪으며 비난을 받을 때도 옹호하고 위로하였다.

1923년에는 이상재·최남선·오세창·한용운·박영효·강매 등의 명의로 된 "경고해외각단체서"라는 건의서를 만들어 전국 사회단체 대표자 372명의 서명을 받아 이승만에게 전달하기도 하였다. 건의서를 통해 이승만의 금전 낭비와 위임 통치론 등에 문제제기를 하며 상하이임시정

1923년 7월 하와이 모국방문단이 배재고등보통학교 운동장에서 야구 시합을 할 때 시구하는 이상재

부를 떠난 이동휘·안창호·김규식을 비난하고 이승만을 적극 옹호함으로써 그의 정치적 입지 강화를 지원하였다. 그에 앞서 1922년 4월 베이징에서 개최된 만국청년대회에 참석했을 때는 "나무가 크면 바람을 받기가 쉽고 옷이 깨끗하면 때를 잘 타는 법이니 어떠한 일이 있다하더라고 동요하지 말고 더욱 마음을 굳건하게 하여 안에 있는 여러 사람의 생각에 부응하도록 바랍니다"라는 내용의 편지를 써서 하와이에서 참석한 사람 편으로 이승만에게 보내 격려와 지지를 드러냈다.

또 1923년 7월 이승만이 운영하는 하와이 한인기독학원의 학생들이 모국방문단이라는 이름으로 올 수 있도록 주선하고, 환영위원회를 만들어 요코하마까지 일행을 영접하러 사람을 보낸 것도, 야구시합·연극·음악회·강연회·다과회 등을 개최하고 군수와 경찰의 협조를 받으며 방문활동을 하도록 조직한 것도 이상재였다. 즉 이상재는 이승만의 하와이에서의 활동을 하와이 교포뿐만 아니라 국내에서도 독립운동 성과로 인정받도록 널리 알리고 명성을 높여주는 역할을 했다.

11 좌우의 날개가 되다

이상재가 조선일보사 사장으로 추대된 것은 그의 나이 75세인 1924년 9월이다. 이상재가 사장으로 부임하자 각지 각계의 인사들이 『조선일보』의 나아갈 길을 조언하며 그의 사장직 수행에 기대감을 드러냈다. 서재필은 민중의 신망에 기반한 신문이 되어야 한다고 조언하였다.

조선일보가 우리 민족의 원로인 이상재 노인과 김동성 등 제 씨가 협동 조직한 새 기관으로 넘어갔다는 말을 듣고 이 노소 협동한 조직, 그것이 조선일보가 장래 조선 민중의 유력한 기관이 될 징표임을 알았노라. 조선인이 두 개의 신문을 유지할 수 있는지에 대해서는 의문이 있지만, 결국 어떤 신문이던지 조선 민중의 신망을 얻자면 신문의 경영책이 합리적이고 민중에게 공헌하는 정도에 따라 판단될 것이다. 조선일보가 그 사명을 다하면 민중의 호의와 신망을 받고 또 민중이 조선일보를 옹호할 줄로 믿노라.

또 러시아 블라디보스토크에서 국외 독립운동을 전개하며 사회주의 사상으로 기울어진 이동휘는 민족운동이 계급해방에서 중요한 역할을 해야 하며, 이를 위해 신망 있는 이상재가 『조선일보』를 잘 이끌어야 한다고 바람을 적어 보냈다. 이동휘는 독립협회 해산 이후에 이상재와 함께 대한보안회 등을 조직하여 활동한 오랜 동료였다.

형님, 조선일보 사장이 되었다는 소문과 조선일보가 새로운 경영으로 조석간을 발행하여 날마다 확장된다는 소식을 듣고 한없이 감하를 드립니다. 조선일보를 통하여 지금 기근에 울고 부르짖는 수백만 동포들의 참상을 함께 울며 그들의 활로가 생길 것도 연구하려 봅니다. 나는 어떤 자비적인 의미로서 하는 말이 아니고 근본적으로 그들 가난한 무리가 영구한 행복을 얻고 일시적인 고해를 면하려면 지금 이 제도를 고치고 새 제도를 일으켜 세워야 할 것입니다.

옛날 치국평천하의 도는 오직 정신적으로 기초를 삼았으나, 오늘날 우리의 실제생활은 그 요소인 의식주가 기초가 된다 합니다. 그리하여 물건을 만들어내는 방법과 관계가 우리 사회를 지배하는데 다시 말하면 직접 물품과 재화를 생산하는 자가 이 사회의 주인이 된다는 것입니다.

한학자이며 독신자인 형님에게 설법하자는 것은 아니고, 전 조선의 가난한 백성들이 모두 이 길로 나서야만 모든 해방이 있지 않을까 생각합니다. 현재 조선의 중심세력으로는 물론 유산계급과 종교단체가 비교적 유력한데, 이것이 현대 제도 아래에서 생긴 것이기 때문입니다. 조선의 민족해방을 위해서는 어떤 면에서는 협동전선도 만들 수 있어야 하며, 개혁하는 길에서 아니 밟기 어려운 계단입니다. 역사에 비추어 보아 해방운동에 민족운동이 앞서는 것은 다수한 군중을 단단히 뭉치게 함이외다. 이러한 의미에서 형님의 금일의 지위가 그 신망이며 더욱 조선일보를 향도할 책임이 무겁고 큽니다.

원래 『조선일보』는 1920년 3월 6일에 대정친목회의 기관지로 조진태·송병준 등이 중심이 되어 창간하였다. 처음에는 대정친목회 기관지로 실업신문을 표방하였다. 1923년 재정 곤란으로 송병준 개인의 소유로 넘어갔고, 사옥을 삼각동에서 수표동으로 이전하였다. 1924년 신석우·최선익 등이 송병준으로부터 조선일보사를 사들여, 이상재를 사장으로 추대하고 지면의 혁신을 단행하여 "조선 민중의 신문"으로 거듭나려고 노력하였다.

이상재가 사장으로 재직하면서 기획한 것 중의 하나는 조선기자대회이다. 조선기자대회는 한국에서 처음 시도된 것으로 1925년 4월 15일 10시에 종로구 경운동 천도교기념관에서 460명의 관련자가 참여한 가운데 개최되었다. 조선일보사 사원이 모든 출석자의 절반을 차지하였다. 기자대회는 의장과 부의장 및 의안 작성 위원 선출 문제로 논쟁이 격렬하였으나 이상재가 의장이 되고 안재홍이 부의장으로 되었다. 이후 이상재의 백전노장의 사회 덕분에 대회는 순조롭게 진행되어 대회 개최 목적인 의안이 통과되었다. 그 결과 "우리는 친목과 협동을 공고히 하여 언론의 권위를 신장 발휘하도록 노력한다. 신문 및 기타 출판물에 관한 현행 법규의 근본적인 개혁을 도모한다. 대중운동의 적극적 발전을 촉진한다" 등의 결의안을 발표하였다.

이상재가 사망하기 전까지 조선일보사 사장으로 재직했던 1924년 말부터 1927년 초까지의 2년 6개월간은 『조선일보』가 거듭나는 기간으로 엄청난 진통을 겪었다. 당시 조선 사회에는 사회주의 사상이 유입되어 독립운동의 노선이 다양화되기 시작했다. 조선일보사에도 사회주의 사상을 받아들인 기자가 적지 않았다. 그들은 일본 제국주의의 한국 지배에 대하여 노골적으로 비판하고 혁명적인 방법으로 민족해방 및 계급해방운동을 해야 한다고 주장하였다. 따라서 총독부의 감시와 통제가 심해지고, 내부의 사상적 대립과 분열도 가시화되었다.

마침내 1925년 9월 8자 신문의 사설 "조선과 노서아의 정치적 관계"를 문제삼아 『조선일보』는 발행 정지 처분을 받았다. 이 사건 때문에 윤전기가 압수당하고, 편집인과 인쇄인 등이 구속 수감되었다. 이상재는 발행 정지의 사태에서 경영난으로 어려움을 겪으면서 자진하여 월급을 받지 않는 등 솔선수범하여 희생을 감내하였다.

또한 이상재는 가능한 한 어느 주의나 어느 사상에 치우지지 않고 모든 기자들과 직원들을 포섭하려고 노력하였다. 그러나 발행 정지를 해제하기 위해서는 어쩔 수 없이 일제가 조건으로 제시한 기자 해고를 단행하였다. 일제와의 투쟁에서 과격한 입장을 취하던 민족주의 계열 및 사회주의 계열 기자들을 내보내고 새롭게 필진을 정비한 것이다.

사장 이상재의 면모에 대해서는 당시 조선일보사 기자 류광렬이『동광』에 쓴 글에 잘 드러나 있다.

이상재씨를 처음 만나기는 조선일보사에 있을 때로, 씨는 사장으로 필자는 기자로 있을 때 일이다. 씨는 말이 사장이지 실상 회사에 와서 실무를 본 것은 아니었다. 그러나 때때로 들르기는 하였다. 씨의 유머 많고 구수한 말과 정정한 백발 노안은 그의 백절불굴의 기개와 함께 청년에게 매우 경애의 맘을 일으킨다. 간간히 회사에 나오면 수십 명 기자가 한꺼번에 일어난다. 그러면 그 부드러운 얼굴로 미소 지으며 "어서 일들 하게" 하면서 손을 들어 앉으라고 지시한다. 필화 사건이 생겨 신일용 군이 감옥에 가게 되었다. 평상시에는 대장부로 자처하는 신군이었지만 이때만큼은 얼굴이 붉어지고 눈이 휘둥그레져 걱정을 하며 앉아 있었다. 씨가 신군을 보며 "자네는 왜 눈을 휘둥그레 뜨고 앉았는가? 담대한 척하는 놈이 실상은 아주 겁쟁이로구나" 하고 껄껄 웃었다. 우울한 분위기에 쌓여있던 좌중이 일제히 크게 웃고 말았다.

필자에게는 "자네는 이름을 왜 광렬光烈이라고 지었나"며 놀리기도 했다. 사소한 의례나 체면 등에 구애받지 않는 씨는 어느 날 길 가다 만나서 "너 돈 있니? 내가 시장하니 점심을 사게"라고 한다. 그래서 필자는 빈약한 주머니를 털어 점심을 사먹은 일이 있었다. 그 후로 이것을 빌미삼아 씨를 길에서 만나면 "선생님 또 점심 좀 사드려요?"라고 여쭈었다. 씨는 "이놈아 내가 거지인 줄 아느냐. 번번이 점심을 사준다고 그러느냐" 하고 필자의 모자를 쳐서 땅바닥으로 툭 떨어지게 했다. 마침 한 줄기 바람이 세게 불어 모자를 주우려고 쫓아가느라 매우 힘든 일이 있었다.

그 뒤 영면하기 얼마 전까지 거리에서 고무신에 풍뎅이와 모자를 쓰고 다니는 씨를 만나서 공손히 인사하면 그전에 하던 해학이 줄고 쓸쓸한 빛으로 "응, 잘 있었느냐" 하고 웃는다. 씨가 돌아가시기 전에 기독청년 회원 몇 사람과 모임에서 만나 이야기하다 우연히 장례 문제가 나와 "선생님이 돌아가시면 조선일보사 장례가 될까?" 하는 말이 생각났다. 그때 씨는 웃으며 나타나 "왜 너희들은 좀 안 묻어 주려고?" 하며 반박했다. 씨가 영면한 후 과연 신문사니 청년회니 하는 말을 떠나서 조선에서 처음으로 사회장이 되었다. 장례행렬이 종로에서 남대문까지 이어진 그야말로 민중적인 장례였다.

신간회 회장을 맡다

조선의 민중적 거인으로 신망받던 이상재는 건강 악화로 힘든 순간에도 신간회 회장직을 수락하였다. 1927년 1월 20일 민족협동전선의 일환으로 민족단일당 건설을 내걸고 좌우 합작하여 신간회의 창립 발기를 선언하였다. 발기인은 이상재 외에 권동진·신석우·홍명희·김명동·김준연·김탁·안재홍·유억겸·이갑성·문일평·박동완·박내홍·백관수·신채호·이순탁·장지영·조만식·최익선·한용운 등 27명이었다. "낡은 나무에서 새 줄기가 뻗어난다(고목신간枯木新幹)"는 뜻의 신간회는 1927년 2월 15일 서울 YMCA에서 300여 명의 사람들이 모여 신석우의 사회로 창립총회를 열고 본격적인 활동을 시작하였다. 창립총회에서 이상재는

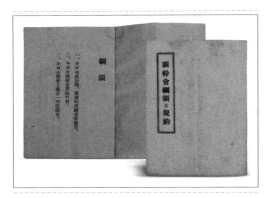
신간회 강령 및 규약

회장으로 선임되었고, 부회장으로는 권동진이 선출되었다. 이상재는 노환으로 인해 병석에 누워 있었기 때문에 창립총회 자리에는 참석하지 못했지만 모든 진영에서 이상재를 신뢰하고 존경했기 때문에 회장으로 선출된 것이었다.

이상재는 처음에는 회장직을 거절했다고 한다. 전택부의 기록에 의하면 이상재가 회장직을 완강하게 거절하자 신간회 간부들이 어찌할 바를 몰라 당황하고 있을 때, 조선일보사 기자를 역임한 신석우가 자청하여 이상재를 찾아갔다고 한다. 신석우는 "선생님께서 안 나오시면 청년들이 뒤따르지 않을 것입니다. 신간회 회장되는 것이 그렇게 겁나십니까?"라며 이상재의 심경을 건드렸다. 신석우는 이상재의 성격을 잘 알고 있었기에, 청년을 내세워 말하면 이상재가 크게 자극받을 줄 알았기 때문이었다. 이에 이상재는 "겁이 나서 그러는 것이 아니야. 너무 늙어서 그러는 것뿐이지. 그렇다면 나가지. 겨레를 위하는 일이라면 눈을 감는 순간까지 일을 해야지"라며 회장직을 수락했다고 한다.

신간회는 '우리는 정치적 경제적 각성을 촉구한다. 우리는 단결을 공고히 한다. 우리는 기회주의를 일체 부인한다'라는 3대 강령을 내세우고 활동을 공개적으로 전개하였다. 신간회는 거족적인 호응을 얻어,

1927년 7월까지 전국에 134개의 지회를 설립하였고, 도쿄와 오사카 같은 일본의 대도시에도 지회가 조직되었으며, 회원 수는 4만여 명에 이르렀다.

생의 마지막 순간까지도 시민사회운동가, 독립운동가, 실천가로서 그 역할을 다하고자 신간회 회장을 맡은 이상재에 대하여 잡지 『삼천리』에서는 그의 인품과 역할을 다음과 같이 높이 평가하였다.

신간회의 제1대 회장은 이상재 씨이었다. 그 풍모는 어제 함경도 산골에서 서울 구경하러 나온 노인같이 보이지만 가까이에서 마주하고 그 목소리를 들어보면 누구나 놀란다. 철석같은 강직한 의사, 모든 세상의 일을 고민하는 정열, 나아가 수십 년간 시민운동에서 겪어온 씨의 생애의 다사다난을 생각해보면 누구나 머리를 숙인다.

이상재 씨는 서재필·윤치호 등과 같이 조선 반도의 선각자 중의 한 사람으로, 일찌기 재야에서 독립협회를 창설하여 정치운동에 열심이었고, 관직에 나아가서는 어진 관리였고, 주미공사로 해외에서 근무한 적도 있었다. 그리고 기독교 사회의 중진으로 그 산하에 다재다능한 신흥우·양계삼 등을 거느리고 기독교 시민 사회 국가를 건설하고 있었다. 이러다가 신간회의 통솔자로 중망에 의하여 출마하여 4만의 회원을 이끌고 기회주의를 배제하고 신간회 정신의 실현에 활약하였다. 이러다가 재직 2개월 만에 옹이 서거함에 따라 허헌 씨가 제2대 회장에 취임하였다.

12 조선 최초의 사회장

용기와 신념과 희망의 인생

이상재는 1927년 3월 29일 세상을 떠났다. 4월 7일 그를 추모하는 장
례가 조선에서는 처음으로 사회장으로 치러졌다. 당시 서울 인구가 30
만 명 정도였는데 그의 사회장에 운집한 추모객은 10만 명을 헤아렸다.
이상재가 병석에 누워 있자 구자옥과 변영로 등이 재동 자택으로 위로
방문하였다. 그때에도 "이놈들, 내가 죽었나 안 죽었나 보러 왔지"라며
농담을 할 정도였다. 그러다가 일본인 순사가 병문안을 하자 "이 사람
아 어디까지 따라올 것인가? 내가 죽는 데까지 따라올 것인가? 난 천당
에는 못 갈 테니, 지옥까지 따라오게나" 하고 농담을 했다고 한다.

이상재가 서거하기 몇 달 전인 1926년 11월에 이광수는『동광』에 이
상재를 현대의 기인이며, 용기와 신념과 희망의 인생 생활 자체가 위대
한 사업이라 보고 그의 면모를 자세히 그렸다. 이 글은 이상재의 일생과
인물에 대한 당시의 평가로 주목할 만하다.

이상재 옹은 현대의 기인이다. 기인이라 하면 실례일지 모르나, 옹이 기인인 까닭은 여러 가지 있다. 첫째 옹은 이미 80 노인이면서 청년이라 자칭하여 중앙기독교청년회의 간사로 손자, 증손자뻘 되는 소년들과 서로 너, 나하니 기인이요, 둘째 옹은 가정적으로는 매우 불행한 어른이어서 아들 손자의 참척을 많이 보았으나 슬퍼하는 빛을 보이지 아니하고, "오냐, 이놈 너도 나를 두고 먼저 가느냐"라며 태연자약한 태도를 보이는 것도 기인이다. 자녀를 낳는 것이 내 뜻이 아니요, 신의 뜻일진대 자녀를 도로 천국으로 찾아가는 것도 오직 신의 뜻이다. 신의 뜻에 대하여는 오직 따를 뿐이니 무슨 억울함과 서운함이 있으랴 함이다. 설사 인정에 애통함이 있다 하더라도 그것을 내비치지 않고 감내하는 것이 예의가 아닌가라고 생각하는 모양이다.

옹은 아무리 청년이라고 자칭하고 또 마음이 초록같은 청년이라 하더라도 머리는 희고, 얼굴에는 주름이 잡히고, 위엄과 인자한 큰 눈은 흐리다. 최근에는 허리도 약간 굽고 걸음걸이도 아무래도 비실비실하다. 이렇게 겉으로는 늙고 속만 새파랗게 젊은 이상재 옹이 손자, 증손자뻘들과 농담하며 즐겁게 지내는 것을 옆에서 보면 일종의 비참한 감도 든다.

옹은 경복궁 중건 역사, 병인양요, 청일전쟁, 러일전쟁, 한일병합 등 조선의 말로를 조선의 운명과 함께 걸어오면서 보았다. 그래서 옹은 조선의 혁신을 정치적 경장에서 구하여 보려다가 실패하고 마침내 "조선을 부활시킬 길은 오직 조선인의 영혼을 죄악에서 건지어 조선인으로 하여금 순결한 민족이 되게 하는 데 있다"고 자각하고, 기독교에 입교하여 세례를 받은 것이 벌써 25년 지난 일이다. 당시 나이 50세 넘은 사람이 기독교인이 되기는 여간한 자각과 결심과 용기가 아니고는 못할 일이었다. 용기는 옹의 가장 주목할 덕이라고 믿는다. 옹은 자기가 옳다고 믿는 것은 누구 앞에서나 무슨 말이나 하고, 옳다고 믿는 일이면 세상이 뭐라고 하던 자기에게 무슨 불이익이 오든지 자기 소신대로 하는 사람이다. 옳다고 믿는 바를 감행하는 용기, 이것은 지극히 어려운 것으로 그만큼 지극히 귀한 것이다.

용기와 더불어 다음으로 중요한 옹의 덕목은 강한 신념이다. 신앙 없는 사람의 눈으로 보면 병이라고 할 만큼 옹은 신앙인이다. 다만 신에게 대한 신앙뿐만 아니라 모든 의에 대한 신앙이다. 아무리 역경에 있더라도 의는 반듯이 최후의 승리를 얻는다는 확신이 있다. 그럼으로 옹은 조선의 장래에 대해서도 비관하지 않는다. 전능하신 신은 의인의 신임을 믿기 때문에 그는 모든 의로운 일에 대하여 희망을 가지고 낙관을 한다. 그의 늙은 얼굴, 큰 눈에 띤 웃음은 이 신념의 웃음이요, 희망의 웃음이다. 신앙으로 사는 옹에게는 어떠한 역경이라도 실망이나 비관으로 위협하지 못한다. 옹의 희망은 깨지지 않는 희망이다. "그 일이 의로운가? 그러면 이루리라"며 80된 노구를 이끌고 동분서주한다. 우리는 여기서 기쁨을 보지 아니할 수 없다.

순결의 사람, 신앙의 사람, 용기의 사람, 희망과 낙관의 사람인 이상재 옹은 결코 사업가는 아니다. 옹은 별로 이것이라고 내놓을 만한 성공한 사업은 없다. 옹은 80 평생에 월세 집을 면하지 못하고 가끔 식량과 땔감조차 떨어진 일도 있다고 하며 옹의 펄럭거리는 두루마기와 신발은 언제

보아도 상당히 낡은 것이다. 하지만 신념 없고 용기 없고 희망 없는 이 시대에 신념과 용기와 희망의 순결한 인물의 전형으로 살아 모범을 우리에 주는 것만으로 옹은 국보요, 우리 청년의 선생님이시다.

옛말에 사람의 일생 사업은 덕, 행, 글이라고 하였다. 옹은 그중에 덕을 세운 사람이다. 즉 그의 생활자체가 그의 사업인 것이다. 옹은 현재 조선일보 사장의 직에 있지만 아무도 조선일보가 옹의 사업이라고 할 사람은 없다. 조선일보는 명망있는 명예 사장을 얻은 것이요, 옹은 말하자면 사장이라는 직함과 월급을 얻은 것이다. 이것은 다 좋은 일이다. 우리는 옹에게 사업을 구하지 아니하고 그의 생활 자체를 구한다. 그의 생활 자체가 그를 접하는 청년들에게 신념과 용기와 희망의 감화를 주는 것만으로 옹은 국보이니까. 날도 추운데 우리는 옹에게 두텁한 솜 두루마기와 귀까지 덮는 모자, 밑창 튼튼한 신발 한 켤레, 지팡이 하나 선물하여 드리자. 살 붙은 양지머리와 배추 우거지 한 바가지 같이 드리면 더욱 좋을 것이다.

평생 가난에서 벗어나지 못하고, 자식마저 먼저 앞세우고, 나라의 이런저런 큰일을 겪으면서도 사람들에게 언제나 푸른 나무처럼 희망과 용기를 주는 이상재를 역사상 보기 드문 사람으로 국가의 보배라고 평가하고 있다. 살아 생전 이런 평가를 받는 것에 대해 이상재는 특유의 유머로 응수하였다. 한때 지방으로 강연 갔을 때, 신흥우가 살아 있는 위인이라며 이상재를 소개하자 굳은 표정으로 있다 "예끼 이 사람, 사람을 앞혀놓고 죽인단 말인가" 하고 한 마디 던졌다. 위인은 대개 죽어서 받들어지는데 살아 있는 자기를 보고 위인 운운하는 것을 꺼려 했기 때문이다.

유머감각과 특이한 옷차림

만년의 이상재는 여러 면에서 사람들의 이야깃거리가 되었다. 그의 적절한 농담과 유머감각은 젊은 시절부터 유명하였다. 그에 관한 일화의 많은 부분이 농담과 유머 감각에 관 것으로, 오늘날에는 이상재의 유머의 특징이 전문 학술 연구의 대상이 될 정도이다. 당시의 젊은이들이 특히 이상재를 따랐던 이유도 유머러스한 연설과 소탈하고 친근한 면모 때문이 아니었을까 여겨질 정도이다.

다음으로 그의 취미와 건강이었다. 1926년 12월 『별건곤』에서는 이상재의 담배 피는 취미를 소개하고 있다.

이상재 노인!! 그의 기호는 이해하기 어렵다. 그는 종종 나와 같은 늙은 이의 기호는 따뜻한 아랫목 구석이 제일이라고 말하지만, 그것은 농담이다. 또 바둑을 좋아하고, 독서를 좋아한다는 사람도 있으나 그것은 다 과거 젊었을 때의 일이다. 사실 요즘 최근의 유일한 기호는 긴 장죽에 담배를 피우는 것이다. 기독교 신자에게 술 담배는 금물인데, 무슨 이상재 씨가 담배냐며 물정 모르는 사람들은 놀랄 것이다. 그러나 그는 남의 눈 신경 쓰지 않고 거리낌 없이 잘 피운다. 장죽 통에 불 꺼질 틈이 없다. 그리고 그는 말할 때마다 농담을 잘하고 웃기기 잘하는 것이 특색이다.

이상재가 장죽에 담배 피우는 모습을 본 어느 기독교 교인이 놀라 "선생님 교인도 담배를 피웁니까" 하니까 그는 싱긋 웃으며 "예수님이 언제 담배 피우지 말라고 말씀하셨소? 예수 시대에는 담배가 없었기에 그렇지, 만일 그때에 담배가 있었다면 그 박애하시는 양반은 반드시 우리 같은 늙은 사람들에게는 심심할 때에 몇 대씩 피우라고 말씀하셨을 것이오"라고 답했다. 이 말에 모두가 웃지 않을 수 없었다.

이상재의 건강 역시 사람들마다 한마디씩 칭송할 정도였다. 당시만 해도 남녀를 불문하고 50세 넘은 사람들이 활발한 활동을 하는 경우는 드물었다. 『동광』에서는 "조선에서 50세 이상의 남자나 여자로 건장한 활동을 하는 것은 아주 드문 일입니다. 이상재·이승훈 두 분은 아주 희귀한 예로, 가뭄에 보리 나는 것만큼 드문 일입니다. 40세만 되어도 새로 공부를 시작하거나 많은 정력을 요구하는 사업에 착수하면 망발이라 비웃습니다. 가장 보편적이고 가장 근본적인 이유는 건강이 부족하기 때문입니다. 알다시피 우리 사회의 명사를 꼽아보면 이상적인 건강을 가진 이가 몇 분 아니됨을 알 수 있습니다"라며 이상재를 만년까지 건강하게 활동을 하는 대표적인 인물로 손꼽았다.

또 하나의 특색은 이상재의 옷차림으로, 당시 장안의 화젯거리였다. 1910년대 이후 조선에 서구식의 새로운 문화가 일반 대중들에게서 널리 퍼지고 있을 때였다. 여성들에게는 이른바 신여성이라고 하여 단발머리에 뾰족 구두와 양산, 핸드백 등이 널리 퍼지고 있었다. 남자들의 공식적인 모임에는 양복 차림이 대세였다. 그러나 당시 남자들의 양복 차림도 개인의 편의나 취향 및 개성에 따라 다양했다.

최린씨는 조선 바지를 양복 바지처럼 아래 통을 좁게 하여 대님을 하지 않고 다니며, 윤치호씨는 양복 바지를 조선 바지처럼 넓게 해서 입고 대님을 치고 다닌다. 동덕여고 백남규씨는 조선 바지에 대님을 않고, 바지 위에 기다란 양말을 옛날 행전처럼 덧신고 다닌다.

보성전문학교장 박승빈씨는 집에 있을 때는 꼭 조선 두루마기만 입고 꿇어서 앉는다. 조선 바지를 입지 않고 양복 속내의에 조선 두루마기만 입고 있는 까닭에 손님을 대하면 행여 실례할까 하고 마치 일본 여자들이 앞을 가리기 위하여 꿇어서 앉는 것처럼 앉는다. 그리고 그는 항상 가래침을 탁 뱉어 도로 삼키는데, 그의 습관인지 옛날식 양생법인지 친구들 사이에서 의문거리가 된다고 한다.

남바우에 중산모를 쓰고 또 행전을 치고 다니던 이상재 선생이 작고한 뒤에는 유성준씨가 홀로 계승하야 그 행전을 치고 다니더니 근래에는 물산 장려회 명제세씨가 또 행전을 치고 다녀서 행전 제3세의 별명을 얻었다.

외국 풍으로 각반을 많이 차는 시대에 구식으로 행전을 치는 것도 간접적으로 물산 장려하는 것이 되지만 기왕이면 조선의 도포까지 입고 다니는 것이 더 철저할 듯하다.

조선교육회 유진태씨는 외투 망국론 주창자였다. 아무리 추운 겨울에도 그는 외투를 입지 않으며 또 친한 사람을 만나면 항상 외투 폐지를 권고한다.

쇠똥모자에 미투리 신고 다니기로 유명하던 육당 최남선씨는 근래에는 아주 말쑥한 중절모자에 경제화 대신 편리화를 신고 다닌다. 의복도 수시로 변절인가.

이외에도 조만식은 일생동안 말총모자와 짧은 수목 두루마기와 편리화를 착용하여 한국의 간디라 불렸으며, 물산장려운동이 한창일 때에는 수목 두루마기가 유행하였다. 윤치호는 양복바지를 조선식으로 개조한 신식바지, 즉 홀태바지를 유행시켰다. 이상재는 한평생 한복만 입었으며 양복은 입지 않았다. 추운 겨울에는 남바우 위에 중산모를 쓰고 다녔다. 한 번은 누군가 왜 남바우 위에 중산모를 쓰느냐고 묻자 "그럼 중산모 위에 남바우를 쓰랴?"며 웃어 넘겼다. 이상재의 독특한

만년의 이상재의 옷차림

옷차림은 유성준과 명제세 등으로 이어졌으나 그 명맥은 오래가지 못하였다. 하지만 그의 독특한 옷차림은『별건곤』에 1926년 12월 어느 겨울 아침의 이상재의 모습이라고 하여 그림으로 남았을 정도였다.

아침에 교동 큰 길로 거니면 중산모자에 행전치고 목도리 두툼하게 두르고 지팡이 짚고 천천히 걸어오는 노인 한 분! 중산모자와 옛날 행전에 마음이 끌려 번쩍하고 한 장, 그리고 보니 우리의 존경하는 이상재 노인이시다. 78세나 되는 고령으로 이렇게 추운 날 건강한 걸음걸이! 노인의 걸음걸이 보고 그의 78년간의 건투를 잠시라도 생각하지 않을 이가 없을 것이다. 노인은 매일 한 차례 교동 길을 거쳐 종로 청년회관을 들른다.

민족적 양심의 상징이 되다.

이상재가 세상을 떠나고, 그의 일생을 그린 『이상재 실기』가 책으로 나오자 다시 그에 대한 이야기가 사람들의 입에 오르내렸다. 어느 기자가 꿈에서 이상재를 뵙고 나눈 대화 형식으로 1927년 8월 『별건곤』에서는 그에 대한 다양한 평가를 소개하고 있다. 주로 이상재에 대한 부정적인 평가를 소개하고 있다.

> 기자 1 보게 이 사람! 자네 『이상재 실기』 나온 것 보았나.
>
> 기자 2 여보게, 그걸로 보아서는 나 원, 사회장이니 무엇이니 세상에서 떠들 것 하나도 없는 것 같은데…….
>
> 기자 1 원래 그렇지, 그가 한 일이 뭐 있나? 만년에 학생들에게 환심을 사고, 언론기관, 종교단체, 사상단체 이런 곳에 관계가 있었기 때문에 그렇게 되었지. 그래서 지금도 한편에서는 그 책이 잘못되었다고 말썽이라네.
>
> 기자 2 그럼, 책에 실린 것 외에 무슨 굉장한 일을 한 것이 있는가? 도대체 뭐하던 사람이며 어떠한 인물인가?
>
> 기자 1 그 외에 한 일이 뭐가 있어? 그를 놓고 보면 일생을 소나비를 피해 다니던 사람이야.

그래서 어느 기자가 천당으로 이상재 선생을 찾아가 직접 여쭈어 보았다.

이상재 요새 사회장이니 실기니 기념집이니 야단인데, 나도 사실은 내 양심에 비추어 매우 편하지 않고, 영광이어서 오히려 죄송하고 부끄럽네.

기자 선생님은 원래 청렴 강직하신 성격이시니 그러시겠지만 겸손하실 필요 없습니다. 세상에서는 선생님이 위인이다, 거성이다, 큰 산이다, 민중의 원로이다, 청년의 사표이다 하여 굉장합니다.

이상재 그런 것이 다 몹쓸 짓이야! 내가 원로 될 것은 무엇이며 사표 될 것이 무엇인가? 남에게 욕도 많이 먹은 사람일세! 원로라니 사표라니 불감당이지.

기자 선생님! 별 말씀이십니다. 선생님은 평범한 세월을 지내지 않았습니다. 그런데 한 가지 불만은 이런 야단스럽고 굉장한 세월을 쓸개있는 사람으로서는 도저히 견디기 어려웠을 것일 텐데, 선생님은 소낙비 한 방울 맞아 보신 적 있습니까?

이상재 부끄럽네. 그렇게 보면 그렇다네. 나도 나의 무능을 한탄한 때가 많았네.

기자 그래도 선생님은 평생 청렴 강직한 언행을 하셨고 그 정신만은 거룩하셨지요. 미국 공사 수행원 시절에 청국 공사의 간섭을 막았고, 관직에 있거나 재야에 있거나 충언과 바른 처신을 하셨지요.

이상재 그 시대 그 자리에서 제 정신 가진 자라면 그만한 일이야 누구나 하지 않겠나?

기자 선생님 생전에 종교에는 매우 공헌한 점이 많지요?

이상재 인물이 아니라 그 사람의 평상시의 사업을 숭경하여 감사의 예를 다하는 것이 사회장이라고 보네. 내가 몸은 늙었으나 마음은 젊어 언제나 청춘과 만나기 좋아하니 학생들이 나를 좋아하고, 나이 들어 할 일 없어 심심해질까봐 여기저기 이름 빌려주었지. 사람이 없으니까 나한테 그랬던 것이지.

기자 한일병합 이후 일본인 의원이 무슨 말을 묻던지 덮어놓고 좋다고 하거나 일본 시찰 가서 새 어머니를 보니 죽은 어머니 생각이 간절하다는 등의 말씀은 외교 석상의 농담으로 보기 어렵지 않나요?

이상재 나는 한평생 큰 죄짓지 않고, 큰 일 하나 하지 마치지 못한 채 조용히 왔다 갔는데 왜 이리 난리인지…….

가자 마지막으로 하나만 더 여쭙겠습니다. 세상 사람들은 선생님더러 아주 고루하고 식견 좁은 촌 늙은이나 다름없는 완고한 노인이라고 합니다만.

이상재 무슨 소리인가? 내가 본래 무엇하나 똑똑하게 아는 것도 없지만 내 맘은 신진 청년이었는데…….

기자 선생님이 신문에서 "혹시 노인이 잘못이 있다손 치더라도, 그것을 지적하는 그는 그러면 누구의 자식인가"라던가 사대주의를 지적하면 "이도 저도 피차일반"이라는 식의 글을 쓰지 않으셨습니까?

이상재 허허, 그때는 그것이 옳은 줄 알았지.

이상재에 대한 부정적 평가란 사회장을 지낼 정도로 크고 뚜렷한 성과를 낸 일이 있느냐, 일생 소낙비를 피해 살았던 사람이 아닌가, 농담이라 하더라도 일제의 지배를 받아들이는 능란한 처세 아닌가, 고루한 식견을 가진 노인에 지나지 않는가 등이 그 내용이다. 하지만 청렴 결백 강직하고, 옳다고 생각하는 일이나 나설 일이 있으면 자기 한 몸 돌보지 않았다는 점은 누구나 인정하는 바이다. 어찌 보면 너무나 평범하다. 그러나 평상시에도 그러하지만 역사의 격변기나 전환기에는 지극한 평범이 오히려 위대하다는 것을 인정할 필요가 있다.

사실 생애 말년에 조선일보사 사장을 지내고 신간회 회장을 지낸 그에 대하여 평가가 다양한 것은 당연한 일이다. 1905년 을사늑약이나 1910년 강제병합 시에 목숨을 바쳐 충성을 보여준 것도 아니고, 국권이 빼앗긴 뒤 미국이나 만주 등의 해외로 나가 독립운동을 한 것도 아니다. 하지만 국내에 머물면서 기독교 종교단체에서 커다란 오점 없이 자신의 신념을 지키며 청년 교육활동을 전개한 고충에 대해서도 정당한 평가가 필요하다. 1924년 중국 베이징을 방문했을 때 중국에 남아 임시정부 일을 해달라는 요청에 "나마저 해외로 떠난다면 국내의 민중은 어떻게 한단 말인가"라며 거절하였다. 일제의 노골적인 탄압과 일상적인 통제 및 간섭을 피해 해외에서 독립운동 하는 것 못지않게 일상적으로 일제의 지배를 받으며 은거하지 않고 하루하루 지조를 지키며 사는 것도 높이 평가받아야 한다. 그리고 청년 교육사업이란 단시간에 뚜렷한 성과가 나오는 것이 아니다. 국내에서 교육운동과 시민운동을 하며 젊은이들에 희망을 주는 중요한 일익을 담당한 것이다. 후세의 연구자 신일철의 이상재에 대한 평가를 살펴보자.

> 왕조 몰락과 일제강점의 어두운 민족 수난기에 녹슬지 않는 민족적 자존
> 심과 결코 자폐적이지 않은 개방적인 개화와 자기수양의 진보주의를 아
> 울러 견지하면서 민족적 양심의 상징으로 남아 이 나라 지식인 지도자의
> 정도를 견지한 분이다. 표면적인 대결을 선언하지 않았으나 결코 순응하
> 거나 굴복하지 않고 내면적으로 거부와 저항을 강력하게 견지한 강인한
> 지식인이었다.

수많은 군중이 배웅하는 마지막 길

이상재의 장례식은 기독교 신자이므로 교회 의식을 참작해서 진행해
야 한다는 주장과 아무런 종교 의식에 구애됨 없이 하자는 의견이 팽팽
히 갈렸다. 결국 장례위원에게 전권을 위임하기로 하였다. 장례식은 선
두에 경호부장이 앞서고, 보이스카우트 소속의 소년이 영정을 들고, 그
뒤 남녀학생과 시민이 뒤따르는 형식의 사회장으로 거행하기로 결정하
였다. 장지는 서울역에서 군산역을 거쳐 고향 한산으로 내려가도록 하
였다. 사회장은 조선 최초의 장례형식으로 아주 성대하게 거행되었다.
자식을 둘이나 먼저 앞세우고, 가난하여 죽을 때까지 자기 집 한 칸 갖
지 못하였고, 때로는 땔나무와 끼니를 걱정했던 이상재의 죽음이었다.
그러나 사회 각 단체와 여러 사람들이 자기 일과 같이 생각하고 모여들

1927년 4월 7일 조선 최초의 사회장으로 치러진 이상재의 장례 행렬

이상재 운구 행렬

1957년 5월 이상재 묘비 제막식

어서 재물과 노력을 바치는 수고를 아끼지 않고 힘 닿는 대로 도우려고
애를 썼다. 장례 당일에는 장의 행렬에 참가한 사람뿐만 아니라, 길가
에 나와서 선생의 영구를 봉결하는 사람이 교동에서 경성역까지, 또 군
산까지 가는 기차역마다 넘쳤다. 국장 못지않은 성대한 장례였다고 사
람들은 평하였다. 평생을 두고 옳은 일을 하며 자기 자신이 아니라 보다
나은 세상과 독립을 위하여 노력하신 어른에게 대한 사회의 공경의 표
현이었다. 또 3·1운동 이후 각 사회단체의 대규모 집회가 가능하지 않
는 상태에서 여러 사회단체들이 조문 깃발을 들고 장례 행렬에 참여함
으로써 총 집결의 의미를 지녔다.

이상재의 삶을 기리고 죽음을 애도하는 애사와 회고는 여기 저기 각 단체와 언론에서 강물이 넘치듯이 흘러나와 물결을 이루었다.

선배 드문 우리 사회에서 가장 많은 존경과 신뢰를 받으시던 선생을 곡한다. 갖은 험난을 겪으시되 조금도 굽힘없이 청렴한 지조와 확고한 의지로 일관하셨다. 선생이 재야의 큰 나무와 같아서 높은 가지와 무성한 잎으로 그늘을 지어 후생인 우리를 가리어 덮으셨도다.

– 조선교육협회

세상의 도리와 인사를 지도 비판하는 바 있었으니 선생은 민중의 원로요 조선의 거인이라. 존양왕이는 청년기의 신조이었고, 개국진취는 일전하여서의 포부이었다. 자유민권의 사상이 독립협회의 운동으로 고취되었고, 자강과 자립의 고조는 일로전쟁 전후의 부심하는 바이었다. 유교에서 기독교로 전교하니 경행충서와 박애평등은 공자와 예수의 가르침으로 모두 인애를 근본으로 함께 하는 것이고, 도탄하는 백성과 윤멸하려는 중생은 서로 통하는 어려움이니 우열을 구별할 것이 아니다. 오호 선생이 유교에서 시작하여 기독교에서 매듭지으니 국가와 동포 민생을 위하여 노력하는 것은 평생을 일관한 바이로다.

– 조선일보

조선에서 우리 선교사들은 선생을 조선 근대의 위인으로 공경한 지 오래입니다. 청년시대에는 한학자로 명성이 높았고 기독교에 대해서는 극구

반대하였습니다. 유교와 기독교를 비교할 목적으로 성경을 많이 읽고, 감옥 생활하던 중에 독신자가 되어 별세하실 때까지 신앙에 대하여 조금도 변함이 없으셨습니다. 출옥한 후 교회와 청년회를 위해 노력하셨는데, 종교의 큰 인도자가 되었습니다. 조선에서 이상적 인격의 모범이 되심으로 어떠한 집회를 막론하고 선생의 강연에는 많은 군중이 모여들어 가장 많은 강연 의뢰를 받은 사람이었습니다.

– 영국인 선교사 에비슨

이상재 선생이 서거하시다. 선생이 가시니 조선은 어디서 의義를 찾으며 조선인은 어디서 사표師表를 구하랴. 선생은 오직 덕德의 인격이니, 선생을 사모함에 우리는 업적이나 사상을 구하지 아니한다. 파란만장한 민족의 운명을 그대로 받아들인 기구한 일생 동안 의기와 강직으로서 일관한 그의 인격이 선생의 사업이고, 다른 사람과 비교하지 못할 위대한 업적이다. 오늘날 조선에는 용기와 신념이 필요하거늘 용기와 신념의 전형인 선생이 가셨도다. 오늘 조선이 의기와 희망에 목말라 하거늘 의기와 희망의 구현체인 선생을 잃었다. 바른 말이면 무슨 말이나 누구 앞에서나 직언하셨는데 이제 누가 우리를 위하여 바른 말을 해줄 것인가. 의로운 것이라 믿으면 만사를 제치고 하시더니 이제 누가 우리의 의를 드러낼 것인가. 팔십 평생 남긴 것이 없다 하나 선생의 인격, 그것이야말로 더할 나위없는 가치로운 보배이다. 조선에 의기와 강직의 인격이 있었다는 것만으로 우리의 스승이고 자랑꺼리이다.

– 주요한

1850. 10. 26	충청남도 서천군 한산면 종지리에서 부친 이희택과 모친 밀양 박씨의 맏아들로 출생
1856	서당에서 한문 공부를 시작
1864	강릉 유씨 유월예와 결혼, 조상의 산소 관련하여 소송사건에 휘말린 부친 대신에 감옥에 갔으나 감동한 군수가 3일 만에 석방시킴
1867	과거시험에 낙방, 과거시험의 부패상에 분개하여 과거 포기 친지 권유로 박정양의 집에서 기식하며 박정양을 통해 사회 정치적인 감각을 배움
1881	일본에 신사유람단의 수행원으로 박정양·홍영식·유길준·윤치호 등과 함께 일본의 개화상을 조사·시찰
1884	우정총국 개설, 홍영식의 추천으로 인천 우정분국장으로 첫 관직을 얻었으나 갑신정변의 실패로 관직을 자진 사퇴하고 낙향
1887	모친 밀양 박씨 별세 박정양의 추천으로 다시 상경하여 친군영에서 문서와 전출납을 맡아보는 문안이 됨, 박정양의 초대 주미공사 부임으로 주미 서기관으로 발령
1888	박정양 주미대사관을 따라 미국에서 약 1년간 거주하며 활동
1889	박정양 주미공사관의 업무 수행 보고 때 고종 알현
1892	새로운 통화정책이 시행됨에 따라 전환국 위원이 됨

1894	부친 별세
	갑오개혁으로 새롭게 설치된 군국기무처에서 승정원 우부승지 겸 경연각 참찬이 됨. 박정양이 학무대신이 되자 이상재는 학무아문의 참의가 됨
1895	학부 참서관 및 법부 참서관이 됨
	을미사변과 아관파천 이후 내각 총무국장으로 고종을 가까이에서 보필. 관립외국어학교장 역임
1896	내각 총서와 중추원 1등 의관이 되어 탐관오리와 부정부패를 척결하기 위해 노력
	서재필 · 윤치호 등과 독립협회를 조직하고 연설가로 활동
1897	만민공동회 토론회에 참여
	정부시책의 잘못된 점을 비판하는 상소문을 제출
1898	만민공동회를 개최하여 헌의6조를 기안하여 정부에 제출. 이 일로 체포되었으나 공개 재판을 통해 석방, 사직상소 올림
1902	반역 음모를 했다는 죄목으로 둘째 아들 승인과 함께 구속되어 2년간 옥고를 치름
1903	한성감옥에서 기독교 서적과 성경을 읽고 기독교에 입교
1904	러일전쟁의 발발로 석방
	연동교회에 출석하며 황성기독교청년회에서 활동
1905	의정부 참찬 역임
1906	일명 이세직 사건으로 옥고를 치름
1907	부인과 맏아들 승륜 사망
1908	YMCA의 종교부 및 교육부 총무로 취임
	둘째 아들 승인 사망
1910	제1회 전국 기독교 학생 하령회를 개최하여 성황리에 마침, 기

		독교 청년운동을 활발하게 전개

1913   105인 사건 이후 YMCA 총무 취임, YMCA의 내부 갈등을 정리

1916   윤치호가 YMCA 총무로 부임하자 이상재는 명예 총무에 취임

1919   3·1운동으로 구속되어 조사받음

1920   조선교육협회 창설, 회장에 취임

1922   중국 베이징에서 개최된 세계학생기독교연맹에 한국 대표단을
        인솔하여 참석

1923   조선민립대학기성회 발기총회에서 회장으로 선출, 민립대학
        설립 추진을 위한 모금 운동 전개

1924   소년척후단(지금의 한국스카우트연맹)의 초대 총재로 추대
        『조선일보』 사장으로 취임

1925   흥업구락부 조직하여 초대 회장 역임, 제1차 조선기자대회 개최

1927   신간회 회장으로 추대

  3. 29   78세의 일기로 재동 자택에서 별세.

  4. 7   조선 최초의 사회장으로 장례를 치름

1957   이승만 초대 대통령의 지시로 묘소를 경기도 양주군 장흥면 삼
        하리로 이장

참고문헌

- 『조선일보』, 『동아일보』, 『개벽』, 『별건곤』, 『삼천리』, 『동광』.
- 국사편찬위원회 한국사데이타베이스 한국근현대잡지자료 및 신문자료 검색 (http://db.history.go.kr)
- 월남 이상재 선생 기념사업회 홈페이지 검색(http://www.leesj.or.kr)
- 월남 이상재 선생 기념사업회 블로그 검색(http://blog.naver.com/ haesulun)
- 갈홍기, 『월남이상재선생약전』, 공보실, 1956.
- 곽신환, 『공소산음(共嘯散吟) : 월남 이상재 선생 옥사기록』, 숭실대학교 한국 기독교박물관, 2012.
- 구인환, 『지지않는 청년의 등불 이상재 : 월남 이상재 평전』, 푸른사상, 2005.
- 김명구, 『월남 이상재의 기독교 사회운동과 사상』, 시민문화, 2003.
- 김영희, 『좌옹 윤치호 선생 약전』, 좌옹윤치호문화사업위원회, 1999(복각 판).
- 김용달, 『한국독립운동의 인물과 노선』, 한울, 2004.
- 김유동, 『월남이선생실기』, 동명사, 1927.
- 김을한, 『월남이상재일대기』, 정음사, 1976.
- 오병학, 『이상재』, 규장, 2002.
- 월남이상재선생동상건립추진위원회, 『월남 이상재선생 이야기』, 로출판, 1985.
- 월남이상재선생동상건립위원회, 『월남 이상재 연구 : 연구논문·월남시문· 관계자료』, 로출판, 1986.

- 유준기, 「월남 이상재의 생애와 항일민족독립운동」, 『신학지남』 제73권 4집, 신학지남사, 2006.
- 이광린, 「월남 이상재, 1850~1927」, 『개화기의 인물』, 연세대출판부, 1993.
- 이덕주, 『한국 그리스도인들의 개종 이야기』, 전망사, 1990.
- 이승현, 「이상재의 국가건설 사상」, 『정신문화연구』 제27권 제2호, 한국학중앙연구원, 2004.
- 이시완, 『월남 이상재』, 월남사회장의위원회, 1929.
- 이은숙, 『독립운동가 아내의 수기』, 정음사, 1975.
- 이필구, 「월남 이상재의 교육사상 연구」, 인하대학교 교육대학원 석사논문, 2000.
- 이한우, 『대한민국을 세운 독립운동가 이승만』, 독립기념관 한국독립운동사연구소, 2010
- 임종국, 『실록 친일파』, 반민족문제연구소, 1996.
- 천광노, 『민족의 스승 월남 이상재 1~5』, 한국학술정보(주), 2011.
- 전택부, 『월남 이상재의 삶과 한마음 정신』, 조선일보사, 2000.
- 전택부, 『월남 이상재의 생애와 사상』, 연세대출판부, 2001.
- 전택부, 『남기고 싶은 이야기』, 종로서관, 1993.
- 전택부, 『월남 이상재의 삶과 한마음정신』, 월남시민문화연구소 · 조선일보사, 2000.
- 전택부, 『이상재 평전』, 범우사, 1985.
- 전택부, 『한국기독교청년회운동사』, 범우사, 1994.
- 정병준, 『우남 이승만 연구』, 역사비평사, 2005.
- 한국학문헌연구소 편, 『박정양 전집』, 아세아문화사, 1984.

찾아보기

겨레의 시민사회운동가 이상재

1판 1쇄 인쇄 2014년 12월 10일
1판 1쇄 발행 2014년 12월 20일

글쓴이   강명숙
기 획   독립기념관 한국독립운동사연구소
펴낸이   윤주경
펴낸곳   역사공간
          주소: 서울시 마포구 동교로 142-11(서교동, 플러스빌딩 3층)
          전화: 02-725-8806~7, 팩스: 02-725-8801
          E-mail: jhs8807@hanmail.net
          등록: 2003년 7월 22일 제6-510호

ISBN 979-11-5707-032-9 03900

역사공간이 펴내는 '한국의 독립운동가들'

독립기념관은 독립운동사 대중화를 위해 향후 10년간 100명의 독립운동가를 선정하여, 그들의 삶과 자취를 조명하는 열전을 기획하고 있다.